JOURNAL FÜR ENTWICKLUNGSPOLITIK

vol. XXXIII 1-2017

MIGRATIONSMANAGEMENT: PRAKTIKEN, INTENTIONEN, INTERVENTIONEN

Schwerpunktredaktion: Sara de Jong, Irene Messinger, Theresa Schütze, Gerd Valchars

D1729913

Herausgegeben von:
Mattersburger Kreis für Entwicklungspolitik
an den österreichischen Universitäten

Journal für Entwicklungspolitik (JEP)
Austrian Journal of Development Studies

Herausgeber: Mattersburger Kreis für Entwicklungspolitik an den österreichischen Universitäten

Redaktion: Tobias Boos, Eric Burton, Julia Eder, Gerald Faschingeder, Karin Fischer, Margit Franz, Daniel Görgl, Inge Grau, Markus Hafner-Auinger, Karen Imhof, Johannes Jäger, Johannes Knierzinger, Bettina Köhler, René Kuppe, Bernhard Leubolt, Jasmin Malekpour-Augustin, Andreas Novy, Clemens Pfeffer, Stefan Pimmer, Petra Purkarthofer, Kunibert Raffer, Jonathan Scalet, Lukas Schmidt, Gregor Seidl, Anselm Skuhra, Koen Smet

Board of Editors: Henry Bernstein (London), Dieter Boris (Marburg), John-ren Chen (Innsbruck), Hartmut Elsenhans (Leipzig), Jacques Forster (Genève), John Friedman (St. Kilda), Peter Jankowitsch (Wien), Franz Kolland (Wien), Helmut Konrad (Graz), Uma Kothari (Manchester), Ulrich Menzel (Braunschweig), Jean-Philippe Platteau (Namur), Dieter Rothermund (Heidelberg), Dieter Senghaas (Bremen), Heribert Steinbauer (Wien), Paul Streeten (Boston), Osvaldo Sunkel (Santiago de Chile)

Produktionsleitung: Clemens Pfeffer
Umschlaggestaltung: Clemens Pfeffer
Foto: Gerd Valchars

Inhalt

JOURNAL FÜR ENTWICKLUNGSPOLITIK XXXIII 1-2017, S. 4–21

SARA DE JONG, IRENE MESSINGER, THERESA SCHÜTZE,
GERD VALCHARS
Migrationsmanagement:
Praktiken, Intentionen, Interventionen

‚Migrationsmanagement' ist ein politisches Konzept, das auf die Aufrechterhaltung der globalen Machtverhältnisse durch die Steuerung von Migrationsbewegungen abzielt. Seit Mitte der 1990er Jahre wird dieses einflussreiche Konzept von zahlreichen migrationspolitischen AkteurInnen vertreten. Gescheiterte nationale Abschottungspolitiken und Migrationskontrolle sollten durch die Akzeptanz von Migration als normalem und optimierbarem Prozess ersetzt werden. Geprägt wurde der Begriff ‚Migrationsmanagement' 1993 von Bimal Ghosh (Geiger/Pécoud 2012: 2). Der langjährige Berater der Internationalen Organisation für Migration (International Organization for Migration, IOM) war damals im Projekt NIROP (New International Regime for Orderly Movements of People) tätig und beklagte rückblickend, dass Migrationsmanagement anfangs als „dirty word" abgewertet worden sei (Ghosh 2010); der potenzielle Kompromiss zwischen offenen und geschlossenen Grenzen, von dem alle Beteiligten profitieren würden, wäre nicht verstanden worden. Dabei könne Migrationsmanagement die Industriestaaten darin unterstützen, so Ghosh, durch gesteigerte, geplante und geordnete Zuwanderung sowie durch die verstärkte Rückkehr (irregulärer) MigrantInnen und abgewiesener Flüchtlinge ihren Arbeitskräftebedarf zu decken und demografische Lücken zu füllen (Ghosh 2005: 10).

Damit sind die zwei Seiten des Migrationsmanagements benannt: Das Konzept der forcierten Zuwanderung erwünschter MigrantInnen auf der einen Seite bedeutet gleichzeitig die konsequente Abweisung und Rückführung der als ‚unerwünscht' klassifizierten Menschen auf der anderen Seite. Die Bedürfnisse der anwerbenden westlichen Staaten sollen nach dem Prinzip der „regulated openness" proaktiv organisiert werden (Geiger/ Pécoud 2012), das den Ausschluss bestimmter Personengruppen kalkulierend in Kauf nimmt. Die migrationspolitischen Leitideen entwickelten sich von nationalstaatlicher Abschottung der 1990er Jahre hin zu europäisch abgestimmter Steuerung von Migration. In der breiten Öffentlichkeit hat der neoliberale Nützlichkeitsdiskurs stark dazu beigetragen, Migrationsmanagement als ein objektives Konzept durchzusetzen.

Die Notwendigkeit eines Migrationsmanagements stellt mittlerweile einen „internationalen Elitekonsens" (Georgi 2009: 82) dar – weit entfernt vom „dirty word" der 1990er Jahre. Ghosh bringt es auf den Punkt, wenn er schreibt: „Central to managed migration is the establishment of a regime that is capable of ensuring that movement of people becomes more orderly, predictable and productive, and thus more manageable" (Ghosh 2007: 107). Migrationsmanagement wird dabei „als apolitische Politik präsentiert, als rationales Management technischer Probleme" (Georgi 2009: 81). Die scheinbar neutrale Sprache verdeckt die zahlreichen ideologischen und institutionellen Voraussetzungen einer solchen Politik: Die Kategorisierung und gezielte Entrechtung von MigrantInnen – je nach zugesprochenem volkswirtschaftlichem Nutzen – gehört ebenso dazu wie die Aufrechterhaltung strikter Grenzregime und die fortschreitende Aushöhlung eines damit kaum kompatiblen Asylsystems.

1. Migrationsmanagement und Entwicklungspolitik

Aus vielerlei Gründen ist die kritische Beschäftigung mit gegenwärtigen Praxen und Diskursen des Migrationsmanagements auch für EntwicklungsforscherInnen relevant. Historisch gesehen zeigt sich, dass die Politik der GastarbeiterInnen-Migration in den Nachkriegsjahrzehnten in Europa an eine Vorstellung von Entwicklung gekoppelt war – nämlich jene, die besagte, dass Gastarbeit zur Entwicklung der Herkunftsstaaten sowie der sogenannten Gastländer beitrage (de Haas 2012). In den späten 1960er Jahren zeichnete sich allerdings ab, dass viele GastarbeiterInnen in Europa nicht in ihre Herkunftsländer zurückkehren würden. Als Folge davon wurden Migration und Entwicklung nicht nur als Politikbereiche, sondern auch in der Forschung zunehmend entkoppelt. Die Migrationsforschung konzentrierte sich fortan auf die sogenannte Integration von GastarbeiterInnen innerhalb des nationalen Kontextes (de Haas 2012: 11). Die Nichtberücksichtigung der Herkunftsländer und von Entwicklungsperspektiven in der Migrationsforschung (de Haas 2012: 1) wurde in der Entwicklungsforschung durch ein weit verbreitetes ‚Sesshaftigkeitsdenken‘ gespiegelt (de Haan 1999: 3). Ausgehend von der Annahme, dass Entwicklung nur im Globalen Süden eine Rolle spiele, wurden MigrantInnen im Globalen Norden nicht in die Internationale Entwicklungspolitik und -forschung einbezogen (Staudt 2004: 323; Harcourt 2009: 84).

Erst seit den 1990er Jahren wächst das Interesse am Thema Migration unter EntwicklungsforscherInnen wieder, und ebenso nimmt die Auseinandersetzung mit Entwicklungspolitik durch MigrationsforscherInnen zu (Clemens et al. 2014). Die Aufnahme von Migration in entwicklungspolitische Programme und Strategien, die ursprünglich durch Organisationen wie die IOM und später die Internationale Arbeitsorganisation (International Labour Organization, ILO) vorangetrieben wurde (Lavenex/Kunz 2008), ist in jüngster Zeit zu einem neuen Forschungsparadigma unter dem Stichwort des „migration-development nexus" geworden. Während „co-development"-Projekte[1] in Ländern wie Frankreich schon früher existierten, entwickelten politische EntscheidungsträgerInnen seit den frühen 2000er Jahren, unter dem Einfluss voranschreitender transnationaler Forschung im Allgemeinen und Diaspora-Forschung im Speziellen, ein gesteigertes Interesse an der Rolle, die Diaspora-Gemeinschaften für die Verwirklichung von Entwicklungszielen spielen können, insbesondere durch Rücküberweisungen und Rückkehrmigration. Diese vereinfachende Perspektive auf Entwicklung und Diaspora-Gemeinschaften sowie die impliziten Annahmen über Bedürfnisse und Zugehörigkeitsgefühl von MigrantInnen (Sinatti/Horst 2014) fügen sich nahtlos in das Programm des Migrationsmanagements ein, dessen Fokus auf der Verwertbarkeit von MigrantInnen liegt (de Jong 2016).

Außerdem hat das Interesse an Entwicklung im Migrationsmanagement noch eine zweite Ebene, nämlich die Vorannahme, dass Entwicklung in den Herkunftsländern „ein Mittel zur Eindämmung der Auswanderung von bestimmten Kategorien unerwünschter MigrantInnen" darstelle (Kabbanji 2013: 419).[2] Besonders im EU-Kontext enthält Migrationsmanagement in Anerkennung des Migrations-Entwicklungs-Nexus

Sara de Jong, Irene Messinger, Theresa Schütze, Gerd Valchars

Spuren eines „prä-existenten sicherheitsorientierten policy frames, der auf die Repression unerwünschter Migration fokussiert" (Lavenex/Kunz 2008: 453). 2005 stellte die EU ihren „Global Approach to Migration and Mobility" (GAMM) als „übergreifenden Rahmen für die externe europäische Migrations- und Asylpolitik" vor, der beispielsweise ‚Partnerschaften' mit afrikanischen und Mittelmeerstaaten umfasste. Als wesentliches Beispiel für Migrationsmanagement und seine entpolitisierte Sprache, die „Kämpfe um Macht und divergierende Interessen ausglättet" (Kabbanji 2013: 427), sowie sein Glaubensbekenntnis an ein ‚triple-win', wird der GAMM vorgestellt als „ein Beispiel für internationale Kooperation in Höchstform – unter Berücksichtigung der Interessen und Ziele aller Beteiligten: Der EU, der Partnerländer und der MigrantInnen selbst". Eines seiner vier Ziele ist es, „die Entwicklungseffekte von Migration und Mobilität zu maximieren" sowie legale Migration zu steuern, illegalisierte Migration zu bekämpfen und Flüchtlinge zu schützen. Migration wird also nicht länger ausschließlich als problematisches Resultat von Armut im Globalen Süden betrachtet, sondern als unvermeidbares Phänomen, das unter anderem für Entwicklung instrumentalisiert werden muss (Lavenex/Kunz 2008).

Folglich schließt Migrationspolitik heute nicht nur Entwicklung, sondern schließen Entwicklungsprogramme auch Migration mit ein. So wurden MigrantInnen zum Beispiel als attraktive Alternativquelle zur Finanzierung der Millennium Development Goals angesehen (Lavenex/ Kunz 2008). Durch die im Jahr 2015 von der UN-Generalversammlung verabschiedete „2030 Agenda für Nachhaltige Entwicklung", die einen Katalog von 17 Zielen und 169 Unterzielen zur Verringerung von Armut und zur Sicherstellung nachhaltiger Entwicklung umfasst, wurde „Migration zum ersten Mal im Mainstream der Entwicklungspolitik verankert". Die Zielsetzung unter Punkt 10.7, „[e]ine geordnete, sichere, reguläre und verantwortungsvolle Migration und Mobilität von Menschen [zu] erleichtern, unter anderem durch die Anwendung einer planvollen und gut gesteuerten Migrationspolitik", befürwortet im Grunde die Übernahme von Logik und Methoden des Migrationsmanagements.

Da „Migrationskontrolle, Eingliederung in die Einwanderungsländer und Entwicklungszusammenarbeit zwischen Nord und Süd, Ost und West untrennbar miteinander verflochten sind" und der „Migrations-Entwicklungs-Nexus in der Tat ein geniales Instrument" zur Legitimierung von Migrationskontrolle darstellt (Faist 2008: 38), ist es dementsprechend notwendig, dass sich kritische EntwicklungsforscherInnen analytisch (und politisch) mit Migrationsmanagement auseinandersetzen. Außerdem können sie viel zur kritischen Migrationsforschung beitragen, da die Entwicklungsforschung im Laufe ihrer Geschichte zum Beispiel wichtige Akteure wie die IOM und die Weltbank untersucht hat. Ebenso kann die globale Dominanz der Politik und Programme des Migrationsmanagements EntwicklungsforscherInnen zu einer breiteren Beschäftigung mit der Politik des Globalen Nordens und ihren weltweiten Effekten anregen.

Bei der Implementierung von Migrationsmanagement entstehen Kooperationen zwischen heterogenen Akteuren, wie Staaten, zwischen- und nichtstaatlichen Organisationen und supranationalen Institutionen, sodass von einer zunehmenden Verschränkung ihrer jeweiligen Diskurse und einer „international governance of migration" gesprochen werden kann. In Macht, Einfluss, Finanzierung und Organisationslogik sehr ungleiche Akteure, die zudem in bislang unterschiedlichen Feldern wie der Entwicklungszusammenarbeit, Migration und grenzüberschreitender Arbeitsmobilität tätig waren, werden nun auch in die Umsetzung des Migrationsmanagements miteinbezogen.

Interesse an dieser Entwicklung haben auch global agierende ExpertInnen und die Forschungsabteilungen internationaler Organisationen wie der IOM (Georgi 2016) oder des International Centre for Migration Policy Development (ICMPD) (Georgi 2007). Diese Organisationen traten schon früh als Proponenten eines Migrationsmanagements auf, das insbesondere ihnen selbst ein lukratives Betätigungs- und Geschäftsfeld eröffnete und gleichzeitig dem Migrationsmanagement wissenschaftliche Legitimität verlieh. Erst bei dem UN-Gipfel für Flüchtlinge und MigrantInnen im September 2016 ist es der IOM, einem Dienstleistungsanbieter seiner Finanziers und Mitgliedstaaten ohne Mandat zum Schutz der MigrantInnen, gelungen, zur „Related Organization" der Vereinten Nationen aufzusteigen und so an Legitimation und Status zu gewinnen (Rother 2016).

2. Österreich als Fallbeispiel

Die kritische Analyse des Migrationsmanagements im deutschsprachigen Raum konzentriert sich bisher stark auf Deutschland. Österreich bleibt mit wenigen Ausnahmen (Horvath 2014) hingegen weitgehend außerhalb des Fokus. Wenngleich die Karriere des Konzepts, seine Aneignung und schrittweise Implementierung in Österreich einen mit anderen Staaten durchaus vergleichbaren Verlauf zu nehmen scheint und Österreich damit im internationalen Feld keine außergewöhnliche Position einnimmt, bietet sich das Land durch seine nationalen Spezifika und politischen Rahmenbedingungen dennoch als lohnendes Fallbeispiel an.

An internationale Entwicklungen anknüpfend, gewannen auch in Österreich ab Mitte der 1990er Jahre jene Sichtweisen im politischen Diskurs zunehmend an Bedeutung, die Migration positiv interpretierten und sie in profitable Bahnen gelenkt wissen wollten. Was durchaus logisch und konsequent erscheint: Der sukzessive Aufstieg der Ideen des Migrationsmanagements scheint dabei einherzugehen mit der zögerlichen Erkenntnis des Scheiterns der auf Rückkehr ausgelegten Rotationspolitik und der Akzeptanz Österreichs als sogenanntes ‚Einwanderungsland' in Teilen des politischen Spektrums (Perchinig 2010).

Die Debatte um das ‚Bekenntnis' Österreichs, ein Einwanderungsland zu sein, war ähnlich wie in Deutschland über mehrere Jahrzehnte diskursiver Austragungsort und Chiffre für die Positionierung der politischen Parteien und AkteurInnen im Feld der Migrations- und ‚Integrationspolitik' (Mourão Permoser/Rosenberger 2012; Kraler 2011). Als allerdings im Jahr 2001 die von der deutschen Regierung eingesetzte, politisch breit aufgestellte Süssmuth-Kommission für Deutschland festhielt, dass es – wenn auch nicht gewollt oder geplant, so aber jedenfalls „faktisch" – ein Einwanderungsland geworden sei (Unabhängige Kommission „Zuwanderung" 2001), scheint eine ähnliche Feststellung zu diesem Zeitpunkt für Österreich noch undenkbar gewesen zu sein (Fassmann/Münz 1995; Çinar 2004; Mayer 2010).

Heute wird diese Tatsache auch in Österreich in Politik und Bevölkerung zumindest als Realität zur Kenntnis genommen. Obwohl von offizieller Seite gelegentlich betont wird, dass Einwanderung nach Österreich – anders als in traditionellen Einwanderungsländern – nicht als „Teil des staatlichen Selbstverständnisses zu betrachten" sei (Migrationsrat für Österreich 2016: 10), sehen laut einer aktuellen Umfrage drei Viertel der Bevölkerung Österreich als Einwanderungsland, und nur 8 Prozent sind der Meinung, dass das Land „ganz sicher kein" Einwanderungsland sei.[3]

Damit rückte zunehmend die Frage in den Vordergrund, wer unter welchen Bedingungen die Möglichkeit der Einwanderung und des (dauerhaften) Aufenthalts angeboten bekommen und wie ‚Integration' organisiert werden soll.

1993 mobilisierte die rechtsextreme Freiheitliche Partei (FPÖ) (Schiedel 2011: 10) in einem Volksbegehren für einen generellen „Einwanderungsstopp", eine vielfältige Verschärfung des ‚Fremdenrechts' und eine Verfassungsbestimmung, dass Österreich kein Einwanderungsland sei. Vor diesem Hintergrund waren die Regierungsparteien stets darauf bedacht, in der Öffentlichkeit nicht den Anschein zu erwecken, Zuwanderung *per se* zu erleichtern. Im Gegenteil: Die Koalition aus SozialdemokratInnen (SPÖ) und konservativer Volkspartei (ÖVP) setzte bei gleichzeitig stark eingeschränkter selektiver Öffnung einen Großteil der Forderungen des auch von ihnen als „ausländerfeindlich" kritisierten „Ausländervolksbegehrens" „Österreich zuerst" im Laufe der folgenden Jahre schrittweise um (Görg 2002: 223; Mayer 2010).

Bei der Gesetzwerdung einiger dieser Bestimmungen arbeitete die ÖVP ab 2000 in einer Koalition mit der FPÖ, später mit dem von dieser abgespaltenen Bündnis Zukunft Österreich (BZÖ) zusammen. Seit 2007 bilden erneut SPÖ und ÖVP eine Regierung und führen gemeinsam einen selektiven und auf ‚Integration' fokussierenden migrationspolitischen Kurs fort. Das aktuelle Regierungsprogramm der Großen Koalition postuliert, dass sich „Österreich im Wettbewerb um die besten Köpfe" befinde und daher „Integrationsstrukturen" geschaffen werden müssten. „Migrationsmanagement" bezieht sich hier nur auf „qualifizierte Zuwanderung", denn diese „schafft Arbeitsplätze und Wachstum".[4]

Die ÖVP entpuppt sich damit als dominante Konstante, die seit 30 Jahren in der Regierung vertreten ist und seit 17 Jahren durchgehend das für Migration maßgebliche Innenministerium besetzt. Der ÖVP ist es dabei gelungen, die migrationspolitische Führung zu übernehmen und sich selbst als die vernünftige Mitte zwischen ‚linker Träumerei' und ‚rechtem Populismus' zu präsentieren. Die Koalitionspartnerin SPÖ hingegen ist in migrationspolitischen Fragen tief gespalten: Entgegen den Zielen des linken Flügels orientiert sich die Partei in ihrer Politikgestaltung am populistischen rechten Umfeld. Als Ausweg aus diesem Konflikt zog sie sich zunehmend aus diesem Politikfeld zurück.

Die Schaffung eines Staatssekretärs für Integration im Innenministerium 2011 ist dabei Anzeichen und Katalysator dieser Entwicklung. Während die SPÖ scheinbar die Ansicht vertreten hatte, dass mit Migrationspolitik nur Stimmen verloren und keine gewonnen werden könnten, berief die Volkspartei erstmals in der Geschichte ein Regierungsmitglied, das ausschließlich für dieses Politikfeld zuständig sein sollte. Als Staatssekretär zwar ursprünglich schwach institutionalisiert und mit geringen finanziellen Ressourcen, Personal und konkreten Zuständigkeiten ausgestattet, gelang es dennoch, das Thema auf die politische Agenda zu setzen, starke mediale Präsenz zu zeigen, die Querschnittsmaterie in Verhandlungen mit den übrigen Ressorts zu bearbeiten und im eigenen Interesse voranzutreiben (Gruber/Rosenberger 2016). Der politische Slogan „Integration durch Leistung" gibt dabei die programmatische Richtung vor und unterstreicht deutlich den neoliberalen Ansatz (Gruber et al. 2016; Strasser/Tošić 2014: 127ff).

Erst im Zuge der jüngsten Regierungsumbildung der SPÖ 2016 wurde zu diesem mittlerweile im Ministerium für Europa, Integration und Äußeres aufgegangenen Ressort ein institutionelles sozialdemokratisch besetztes Gegengewicht geschaffen. Ob indes das neue Regierungsamt einer Staatssekretärin für Diversität auch zu einem stärkeren und profilierteren Engagement der SPÖ im Feld der Migrationspolitik führen wird, bleibt abzuwarten.

Während Migrationsmanagement damit als Teil der Migrations- und Integrationspolitik etabliert ist, stellt die Ausweitung des Konzepts auf den Bereich der Fluchtmigration in Österreich ein deutlich jüngeres Phänomen dar. Der „Sommer der Migrationen" (Ataç et al. 2015) des Jahres 2015 hat auf intensive Art und Weise Raum geschaffen, um Migrationspolitik, Asyl- und Grenzregime neu zu verhandeln. Die österreichische Regierung gefiel sich zunächst darin, Österreich als Asylland zu präsentieren; zum einen in moralischer Abgrenzung zur harschen Abwehrhaltung Ungarns, zum anderen wohl wissend, dass die schutzsuchenden Flüchtlinge mehrheitlich nach Deutschland weiterreisen würden. Eine anfänglich vielfach geteilte positive Grundstimmung und ‚Willkommenskultur‘ in weiten Teilen der Gesellschaft und Teilen der politischen Elite wich im Verlauf des Jahres und insbesondere mit Jahreswechsel sowohl in Österreich als auch in Deutschland einer zunehmend ablehnenden Haltung (Dietze 2016). Der Ruf nach Kontrolle, Abschottung und Ausweisung kam nach dieser kurzen Phase der Euphorie mit umso größerer Wucht zurück.

Eine der Konsequenzen ist der Versuch der österreichischen Regierung, die Zahl der Asylanträge durch eine jährliche Obergrenze zu beschränken und der Bevölkerung ein ‚hartes‘ Vorgehen zu signalisieren. Dazu gehört auch, die (Ein-)Reise für Geflüchtete möglichst schwierig und gefährlich zu gestalten. In diesem Zusammenhang hielt Außenminister Sebastian Kurz (ÖVP) schon im Januar 2016 fest, dass es „nicht ohne hässliche Bilder an der Grenze gehen“ werde.[5]

Wenig später lud die österreichische Regierung unter dem Titel „Managing Migration Together“ ausgewählte Balkanstaaten zu einer Konferenz nach Wien, deren oberstes Ziel ein „effizientes Migrationsmanagement“ sein sollte und die schließlich zur Schließung der sogenannten ‚Balkanroute‘ für Schutzsuchende nach Europa führte. Die ausgebliebene Einladung Griechenlands führte zu einer manifesten diplomatischen Verstimmung und wurde vom Außenministerium mit der mangelnden Bereitschaft Griechenlands zur Grenzschließung gerechtfertigt. Die Konferenz zeigte anschaulich die Selektivität von Kooperationen, basierend auf gemeinsamen oder gegenteiligen (wirtschaftlichen) Ausgangslagen und ideologischer Nähe und Distanz, die die vermeintlich harmonischen Strategien des Migrationsmanagements schnell brüchig werden lassen.

Auf der anderen Seite scheint es das Ziel der Regierung zu sein, Österreich als sicheren Zufluchtsort für Schutzsuchende möglichst unattraktiv zu gestalten und Menschen dazu zu bringen, anderswo in Europa Schutz zu suchen: Die Provozierung einer Unterbringungs- und Versorgungskrise von AsylwerberInnen, die Reduktion von Sozialleistungen im und nach dem Asylverfahren, die Verpflichtung zu ‚gemeinnütziger‘ unbezahlter Arbeit und die Einschränkung der Möglichkeit des Familiennachzugs können dafür als Beispiele angeführt werden.

3. Wissensproduktion und ExpertInnen

Begleitet wird die Migrationspolitik in Österreich seit den 1990er Jahren von einer zunehmenden Inszenierung als ‚evidence-based policy‘, die faktenorientiert ‚tatsächlich existierende Probleme‘ zu lösen bereit ist und abseits ‚ideologischer Scheuklappen‘ notwendige Maßnahmen apolitisch umsetzt. Damit wurde zugleich ein erhöhter Bedarf an wissenschaftlicher Expertise erzeugt. Folgerichtig scheint sich die Beziehung von Migrationsforschung und Politik ab der Mitte der 1990er Jahre zu intensivieren und die langjährige Forderung der Wissenschaft, von der Politik gehört zu werden, zumindest vordergründig zu erfüllen. Dabei entstand ein komplexes Verhältnis von finanzieller Abhängigkeit, ideologischer Nähe und dem wechselseitigen Versuch der Beeinflussung, Nutzbarmachung und Instrumentalisierung (Johnston-Arthur/Valchars 2011: 190f), befördert durch eine zersplitterte Forschungslandschaft mit schwacher (universitärer) Institutionalisierung und kurzer Forschungstradition (Fassmann et al. 2009: 13f; Perchinig 2010).

Charakteristik des Migrationsmanagements ist die zentrale Rolle von ‚ExpertInnen‘ und dem Feld der Wissenschaft. Als ausdrucksstarkes Beispiel können hier für Österreich der bereits erwähnte „Expertenrat für Integration“ des Außen- und Integrationsministeriums und der 2014 eingerichtete „Migrationsrat für Österreich“ des Innenministeriums genannt werden. Sie dienen dem wissenschaftlichen Framing und verleihen den politischen Maßnahmen den Anstrich von Sachlichkeit und Rationalität. Rationale Politik ist expertInnengestützte Politik – und die sich ergebenden Möglichkeiten, politisch wirksam zu werden, scheinen von manchen ExpertInnen bereitwillig genutzt zu werden. Anstatt aus der Distanz kritisch zu reflektieren, greift Migrationsforschung damit direkt in den Prozess der Politikgestaltung ein – tut das aber immer vor dem Hintergrund bestehender politischer, institutioneller und ideologischer Rahmenbedingungen. Die Verknüpfung von Politik und Migrationsforschung beruht nicht allein auf finanzieller Abhängigkeit und einseitiger Beeinflussung, sondern erstens auch auf einem spezifischen Wissenschafts- und Politikverständnis und zweitens auf der – oft deutlich subtileren – Kompatibilität und Passfähigkeit der angewandten wissenschaftlichen Theorien und Konzepte mit den Vorstellungen der Politik.

Der Erfolg des Konzepts und die Attraktivität des Begriffs ‚Migrationsmanagement' in Österreich zeigen sich auch darin, dass zwei Universitäten (Krems, Salzburg) seit 2009 bzw. 2010 postgraduale Masterstudiengänge unter diesem Titel anbieten. Der Lehrgang in Salzburg ist zudem ein weiteres Beispiel für die oben erwähnte vielfache Verstrickung von Politik und Wissenschaft. Der Lehrgang ist eine Kooperation der öffentlichen Universität mit dem Österreichischen Integrationsfonds, einer öffentlichen Einrichtung, zum Großteil finanziert und im unmittelbaren Einflussbereich von Außen- und Integrationsministerium, bis 2013 vom Innenministerium. Der Lehrgang an der Donau-Universität Krems am „Zentrum für Migration, Integration und Sicherheit" wurde 2016 bei seinem vierten Durchlauf von „Migrationsmanagement" in „Migrations- und Integrationsmanagement" umbenannt. Laut Selbstbeschreibung wird im Lehrgang Wissen vermittelt, um „Integration für alle gewinnbringend zu gestalten".

4. Kritische Migrationsforschung

In unseren Lehrveranstaltungen und Forschungsprojekten setzen wir uns mit der Frage auseinander, wie in einem solchen Kontext kritisch und emanzipatorisch wissenschaftlich gearbeitet werden kann.

Die herrschende Perspektive auf Migration ist geprägt von national-ökonomischen Nutzenkalkülen; es braucht aber einen anderen Blick, um methodologischen Nationalismus zu überwinden und transnationale Fragestellungen zu entwickeln, um die AkteurInnen der Migration in den Blick zu rücken, ohne gleichzeitig staatliche Akteure aus dem Blick zu verlieren. Kritische Migrationsforschung muss folglich von den Bedürfnissen und Kämpfen der MigrantInnen, ihren transnationalen Erfahrungen und dem Erleben der physischen Grenzüberschreitungen ausgehen (Scheel 2013). Aufgabe einer kritischen Wissensproduktion ist es daher, Migrationsmanagement als ‚objektives' bzw. ‚rationales' Konzept zu dekonstruieren und Wege zu diskutieren, die zu einer egalitären und offenen Migrationsgesellschaft beitragen können.

Die HerausgeberInnen dieses Heftes sind seit Jahren in der Forschungsgruppe [KriMi] Kritische Migrationsforschung vernetzt. Seit 2014 lehren die meisten von ihnen am Institut für Internationale Entwicklung der Universität Wien. Die Beiträge des Schwerpunktheftes orientieren sich an Inhalten, die in drei Seminaren seit dem Wintersemester 2014/15 und einer Ringvorlesung in Sommersemester 2016 mit dem Titel „Migrationsmanagement hinterfragen. Logiken der Differenzierung" erarbeitet und vermittelt wurden. Kritische Migrationsforschung verweist auf intersektionale Zugänge, um unterschiedliche Herrschaftsverhältnisse in ihren Interdependenzen wahrnehmen zu können. Diese Perspektive findet sich auch in den einzelnen Beiträgen wieder. Aktuelle migrationspolitische Entwicklungen wurden durch GastreferentInnen zivilgesellschaftlicher und aktivistischer Initiativen und Projekte in die Lehrveranstaltungen miteinbezogen. AktivistInnen des „Refugee Protest Camps Vienna", von „Watch the Med – Alarmphone" und der „asylkoordination Österreich" waren ebenso zu Gast wie Angeklagte und kritische BeobachterInnen der ‚Schleppereiprozesse', die „Anlaufstelle zur gewerkschaftlichen Unterstützung undokumentiert Arbeitender" (UNDOK), die Initiative zur Errichtung eines „Archivs der Migration" und „maiz", das autonome Zentrum von und für Migrantinnen.

5. Über dieses Heft

Ein Jahr nach dem Diskurswechsel rund um den Jahresbeginn 2016 setzen wir mit dieser Publikation die bereits rezipierten Kritiken am Migrationsmanagement fort, indem wir Verbindungen zu den aktuellen Entwicklungen schaffen. Im Fokus der Analyse stehen zwei unterschiedliche, aber häufig ineinandergreifende Tendenzen: Eine erneut forcierte Kriminalisierung von Migration und ein damit einhergehendes ‚hartes' Durchgreifen auf der einen Seite sowie das neue und öffentliche Management von Migration und insbesondere der Flüchtlingskrise mittels scheinbar ‚sanfter Gewalt' auf der anderen Seite.

Die in der vorliegenden Ausgabe versammelten Beiträge beleuchten das Projekt des Migrationsmanagements, seine diskursive und institutionelle Materialität und seine Reichweite aus der Perspektive der kritischen Migrations- und Grenzregimeforschung und lenken dabei den Blick mit jeweils unterschiedlichem Schwerpunkt auf eine Vielzahl der darin relevanten AkteurInnen: auf internationale Organisationen wie die IOM, den österreichischen Nationalstaat, gewerkschaftliche und aktivistische Initiativen sowie nicht zuletzt die MigrantInnen selbst.

Im österreichischen Kontext zeigt der Beitrag „Migrationsmanagement und das (Post-)Gastarbeitsregime: (Dis-)Kontinuitäten am Beispiel Österreichs" von Irene Messinger und Viktorija Ratković anhand einer vergleichenden Aufarbeitung der historischen Phasen der österreichischen Migrationspolitik die Brüche und Kontinuitäten zwischen Gastarbeits- und Post-Gastarbeitsregime auf. Unter Heranziehung dreier paradigmatischer Figuren des Post-Gastarbeitsregimes – ElitemigrantInnen, Care-ArbeiterInnen und Saisoniers – sowie ihrer Kontrastierung und Verbindung zur Figur der/des Geflüchteten werden die Auswirkungen der historischen Veränderungen des österreichischen Migrationsregimes auf diese Figuren und darin vorherrschende Aspekte des Migrationsmanagements diskutiert. Gerd Valchars erörtert in seinem Beitrag „‚...was wir uns von einem Zuwanderer erwarten' – Die österreichische Staatsbürgerschaftspolitik als Migrationsmanagement", inwiefern das Feld der Staatsbürgerschaftspolitik als Teil der österreichischen Migrationspolitik verstanden werden muss und welche Rolle Migrationsmanagement bei der staatlichen Inklusion bzw. Exklusion von in Österreich lebenden MigrantInnen in Bezug auf gesellschaftliche, politische und ökonomische Teilhabe spielt. Darüber hinaus zeigt er auf, dass die österreichische Staatsbürgerschaftspolitik der letzten zwei Dekaden selbst als wesentlicher Teil von Migrationsmanagement gelesen werden kann und dabei die Trennlinien zwischen den Politikfeldern der „immigration policy" und der „immigrant policy" zunehmend verwischen.

Im Beitrag „Managing Migration with Stories? The IOM ‚i am a migrant' Campaign" widmen sich Sara de Jong und Petra Dannecker der IOM als essenzieller Protagonistin des Migrationsmanagements. Am Beispiel der IOM-Kampagne „i am a migrant" veranschaulichen sie einerseits die Spannungen und Verbindungen, die zwischen Migrationsmanagement als ‚policy frame' der IOM und ihren diskursiven Praktiken herrschen. Andererseits zeigen sie auf, inwiefern die Kampagne entlang der diskursiven Figur des/der unternehmerischen MigrantIn hegemoniale Diskurse des Migrations-Entwicklungs-Nexus und die Logik der

Programme zur ‚freiwilligen' Rückkehr der IOM reproduziert, ihnen zum Teil aber auch widerspricht.

Im zweiten Teil dieser Ausgabe vermitteln zwei Essays aus aktivistischer Perspektive punktuelle Einblicke in verschiedene Manifestationen von Migrationsmanagement in Österreich sowie in Subversion und Widerstände gegen dieselben. Innerhalb des Themenkomplexes Arbeit und Recht erläutert Sandra Stern Entstehungsgeschichte und Arbeitsschwerpunkte der UNDOK – Anlaufstelle zur gewerkschaftlichen Unterstützung undokumentiert Arbeitender. Ihre Ausführungen zielen insbesondere auf die Verwobenheit von Migrationsmanagement mit nationalen Arbeitsmarktregimen und erzählen von Momenten des Widerstands gegen die darin vorhandenen Ausbeutungsmuster. Theresa Schütze und Franziska Kusche beleuchten in ihrem Essay die Widersprüchlichkeit der Kriminalisierung von Schlepperei und Fluchthilfe im herrschenden Migrationsregime anhand des ‚Fluchthilfeprozesses' 2014 in Wiener Neustadt und anhand der staatlichen Interventionen in Grenzüberschreitungsprozessen im Sommer 2015.

1 Sogenannte ‚Co-Development-Programme' sind darauf ausgerichtet, Synergien zwischen Migrations- und Entwicklungspolitik zu erzeugen, indem insbesondere Diaspora-Netzwerke als EntwicklungsakteurInnen eingebunden werden.

2 Übersetzung der Zitate in diesem Abschnitt aus dem Englischen durch die AutorInnen.

3 Profil, 44/2016, 30.10.2016, S. 14-21.

4 Bundeskanzleramt, Bundespressedienst (2013): Arbeitsprogramm der österreichischen Bundesregierung 2013–2018. Erfolgreich. Österreich. Online: https://www.bka.gv.at/DocView.axd?CobId=53264, 18. Jänner 2017.

5 Sebastian Kurz, Interview Die Welt, „Es wird nicht ohne hässliche Bilder gehen", 13.01.2016, https://www.welt.de/politik/ausland/article150933461/Es-wird-nicht-ohne-haessliche-Bilder-gehen.html, 2. März 2017.

Literatur

Ataç, Ilker/Kron, Stefanie/Schilliger, Sarah/Schwiertz, Helge/Stierl, Maurice (2015): Kämpfe der Migration als un-/sichtbare Politiken. Einleitung zur zweiten Ausgabe. In: Movements. Journal des Netzwerks Kritische Migrations- und Grenzregimeforschung 1 (2). Online verfügbar unter http://movements-journal.org/issues/02.kaempfe/01.ata%C3%A7,kron,schilliger,schwiertz,stierl--einleitung.html, 18. Jänner 2017.

Çinar, Dilek (2004): Österreich ist kein Einwanderungsland. In: Gürses, Hakan/Kogoj, Cornelia/Mattl, Sylvia (Hg.): Gastarbajteri. 40 Jahre Arbeitsmigration. Wien: Mandelbaum Verlag, 47-52.

Clemens, Michael A./Özden, Çağlar/Rapoport, Hillel (2014): Migration and Development Research is Moving Far Beyond Remittances. In: CGD Working Paper 365. Washington DC: Center for Global Development.

Dietze, Gabriele (2016): Das ,Ereignis Köln'. In: Femina Politica 2016(1), 93-102.

De Haan, Arjan (1999): Livelihoods and Poverty: The role of migration – a critical review of the migration literature. In: The Journal of Development Studies 36(2), 1-47. https://doi.org/10.1080/00220389908422619

De Haas, Hein (2012): The Migration and Development Pendulum: A Critical View on Research and Policy. In: International Migration 50(3), 8-25. https://doi.org/10.1111/j.1468-2435.2012.00755.x

De Jong, Sara (2016): Converging logics? Managing migration and managing diversity. In: Journal of Ethnic and Migration Studies 42(3), 341-358. https://doi.org/10.1080/1369183X.2015.1074857

Fassmann, Heinz/Buchl, Sabrina/Kraus, Valentin/Sievers, Wiebke (2009): Migrations- und Integrationsforschung in Österreich: Institutionelle Verankerungen, Fragestellungen und Finanzierungen. KMI Working Paper Series 15. Wien: Österreichische Akademie der Wissenschaften.

Fassmann, Heinz/Münz, Rainer (1995): Einwanderungsland Österreich? Historische Migrationsmuster, aktuelle Trends und politische Maßnahmen. Wien: Jugend & Volk.

Geiger, Martin/Pécoud, Antoine (2012), The Politics of International Migration Management: Migration, Minorities and Citizenship. New York: Palgrave Macmillan.

Georgi, Fabian (2016): Zur politischen Ökonomie von Migrationsregimen. Die Geschichte der Internationalen Organisation für Migration (IOM) 1951–2015. Unveröffentlichte Dissertation, Berlin.

Georgi, Fabian (2009): Kritik des Migrationsmanagements. Historische Einordnung eines politischen Projekts. In: juridikum (2), 81-84.

Georgi, Fabian (2007): Migrationsmanagement in Europa. Eine kritische Studie am Beispiel des International Centre for Migration Policy Development (ICMPD). Saarbrücken: VDM Verlag.

Ghosh, Bimal (2012): A Snapshot of Reflections on Migration Management. Is Migration Management a Dirty Word? In: Geiger, Martin/Pécoud, Antoine (Hg.): The New Politics of International Mobility. Migration Management and its Discontents. IMIS Beiträge (40), 25-30.

Ghosh, Bimal (2007): Managing migration: Whither the Missing Regime? In: Antoine Pécoud/Paul de Guchteneire (Hg.): Migration without Borders. Essays on the Free Movement of People. Oxford: Berghan Books, 97-118.

Görg, Andreas (2002) Antirassismus – Konfliktlinien und Allianzenbildung. In: Bratić, Ljubomir (Hg.): Landschaften der Tat. Vermessungen, Transformationen und Ambivalenzen des Antirassismus in Europa. St. Pölten: SozAKTIV, 223-236.

Gruber, Oliver/Rosenberger, Sieglinde (2016): Politikwandel durch Institutionalisierung? Die österreichische Integrationspolitik und das Staatssekretariat für Integration (2011–2013). IPW Working Paper 2016 (1). Wien: Institut für Politikwissenschaft.

Gruber, Oliver/Mattes, Astrid/Stadlmair, Jeremias (2016): Die meritokratische Neugestaltung der österreichischen Integrationspolitik zwischen Rhetorik und Policy. In: Österreichische Zeitschrift für Politikwissenschaft 45(1), 65-79.

Harcourt, Wendy (2009): Body Politics in Development: Critical Debates in Gender and Development. London: Zed Books.

Horvath, Kenneth (2014): Die Logik der Entrechtung. Sicherheits- und Nutzendiskurse im österreichischen Migrationsregime. Göttingen: Vandenhoeck & Ruprecht. https://doi.org/10.14220/9783737002264

Johnston-Arthur, Araba Evelyn/Valchars, Gerd (2011): Schlaglichter zu Migration, Migrationspolitik und Migrationsforschung aus politikwissenschaftlicher Perspektive. In: Dvořák, Johann/Mückler, Hermann (Hg.): Staat – Globalisierung – Migration. Wien: Facultas, 175-196.

Kabbanji, Lama (2013): Towards a Global Agenda on Migration and Development? Evidence from Senegal. In: Population, Space and Place 19(4), 415-429. https://doi.org/10.1002/psp.1782

Kraler, Albert (2011): Immigration and Immigrant Policy Making in Austria. In: Zincone, Giovanna/Penninx, Rinus/Borkert, Maren (Hg.): The Making of Migration and Integration Policies in Europe: Processes, Actors and Contexts in Past and Present, Amsterdam: AUP, 21-59.

Lavenex, Sandra/Kunz, Rahel (2008): The Migration-Development Nexus in EU External Relations. In: Journal of European Integration 30(3), 439-457. https://doi.org/10.1080/07036330802142152

Mayer, Stefanie (2010): Rotation, Integration and Social Exclusion. Discourse and Change in/of Migration Policies in Austria. In: Roth, Klaus/Hayden, Robert (Hg.): Migration in, from, and to South-eastern Europe. Ethnologia Balcanica 13. Berlin: LIT, 129-146.

Migrationsrat für Österreich (2016): Bericht des Migrationsrats. Migration verstehen – Migration steuern. Wien: Bundesministerium für Inneres.

Mourão Permoser, Julia/Rosenberger, Sieglinde (2012): Integration Policy in Austria. In: Frideres, James/Biles, John (Hg.): International Perspectives: Integration and Inclusion. Montreal/Kingston: McGill-Queens University Press, 39-58.

Perchinig, Bernhard (2010): Ein langsamer Weg nach Europa. Österreichische (Arbeits)migrations- und Integrationspolitik seit 1945. In: Leibnitz Institut für Sozialwissenschaften/Bundesamt für Migration und Flüchtlinge (Hg.): Sozialwissenschaftlicher Fachinformationsdienst (SoFid) 2010/1, Migration und ethnische Minderheiten, Mannheim (GESIS), 11-32.

Perchinig, Bernhard (2010): Migration Research in Austria – Research at the Margins? In: Thränhardt, Dietrich/Bommes, Michael (Hg.): National Paradigms of Migration Research. IMIS Schriften 13. Göttingen: V&R Unipress, 187-204.

Rother, Stefan (2016): Will the International Organization for #Migration (#IOM) move closer (in)to the United Nations system?. Blog post: The GFMD, Migration, Development and Human Rights, 30. April 2016.

Scheel, Stephan (2013): Studying embodied encounters: autonomy of migration beyond its romanticization. In: Postcolonial Studies 16(3), 279-288. https://doi.org/10.1080/13688790.2013.850046

Schiedel, Heribert (2011): Extreme Rechte in Europa. Wien: Edition Steinbauer.

Sinatti, Giulia/Horst, Cindy (2015): Migrants as agents of development: Diaspora engagement discourse and practice in Europe. In: Ethnicities 15(1), 134-152. https://doi.org/10.1177/1468796814530120

Staudt, Kathleen (2004): ‚Straddling Borders: Global to Local'. In: Fraser, Arvonne S./Tinker, Irene (Hg.): Developing Power. How Women Transformed International Development. New York: The Feminist Press, 312-323.

Strasser, Sabine/Tošić, Jelena (2014): Egalität, Autonomie und Integration: Post-Multikulturalismus in Österreich. In: Nieswand, Boris/Drotbohm, Heike (Hg.): Kultur, Gesellschaft, Migration, Studien zur Migrations- und Integrationspolitik, Wiesbaden: Springer, 123-150. https://doi.org/10.1007/978-3-658-03626-3_5

Sara de Jong
School of Politics, Philosophy, Economics, Development,
and Geography, The Open University
sara.dejong@open.ac.uk

Irene Messinger
Institut für Internationale Entwicklung, Universität Wien
irene.messinger@univie.ac.at

Theresa Schütze
Institut für Politikwissenschaft, Universität Wien
theresa.schuetze@univie.ac.at

Gerd Valchars
Institut für Politikwissenschaft, Universität Wien
gerd.valchars@univie.ac.at

Journal für Entwicklungspolitik XXXIII 1-2017, S. 22–46

Irene Messinger, Viktorija Ratković

Migrationsmanagement und das (Post-)Gastarbeitsregime:
(Dis-)Kontinuitäten am Beispiel Österreichs

Abstract *Dieser Beitrag beschreibt den migrationspolitischen Richtungswechsel von Versuchen der Kontrolle von Migration hin zu einem umfassenden Migrationsmanagement. Am Beispiel Österreichs werden beginnend mit der Zeit der ‚Gastarbeit‘ die Entwicklung und Etablierung des Migrationsmanagements-Paradigmas nachvollzogen und (Dis-)Kontinuitäten der Auswirkungen von Migrationspolitik auf ausgewählte Figuren der Migration verdeutlicht. Anhand der Implementierung von EU-Konzepten wie der versuchten Steuerung von Zuwanderung mittels Blue Card oder für die Saison- und Care-Arbeit wird das Spannungsfeld zwischen Migrationskontrolle und -management sowie vielfältigen Formen ihrer Unterwanderung in der Vergangenheit und auch im heutigen Post-Gastarbeitsregime beleuchtet. Nicht zuletzt werden diese Überlegungen auf die aktuelle Figur der Geflüchteten übertragen, wobei sich zeigt, dass auch diese primär einer ökonomischen Rationale zu folgen hat.*

Keywords *Migrationskontrolle, ‚Gastarbeit‘, Arbeitsmarkt, Geflüchtete, Österreich*

1. Einleitung

Wenn heute von ‚Gastarbeit‘ die Rede ist, ist damit meist ein Phänomen gemeint, das in den 1960er Jahren mit der gezielten Anwerbung von Personen aus dem südlichen Europa durch Österreich begann und in den 1980er Jahren mit den immer restriktiveren Versuchen, Einwanderung nach Österreich zu begrenzen, sein Ende fand. Auch wenn es lange vor dem Abschluss der entsprechenden Anwerbeabkommen sowohl organisierte Anwerbungen von ‚Fremdarbeitern‘[1] als auch Versuche der Kontrolle von Migrationsbewegungen gab, ist die ‚Gastarbeit‘ als Beginn der kontrollierten Einwanderung nach Österreich ins kollektive Gedächtnis Österreichs eingeschrieben.

Im Folgenden wird zunächst die Phase der ‚Gastarbeit‘ beleuchtet, bevor näher auf das Paradigma des Migrationsmanagements eingegangen wird, mit dem Ziel, anhand der historisch jeweils spezifischen Konfiguration Parallelen, Kontinuitäten und Differenzen zwischen den beiden Systemen aufzuzeigen. Dabei zeigt sich ein Wandel von Versuchen der Kontrolle von Migration zu Versuchen des Migrationsmanagements. Die Verhältnisse im heutigen (österreichischen) Migrations- und Grenzregime werden am Beispiel von drei Figuren des heutigen „Post-Gastarbeitsregimes" (Karakayali 2008) diskutiert: Erstens anhand der ElitemigrantInnen, zweitens anhand der Care-ArbeiterInnen und drittens anhand der Saisoniers. Neben diesen drei Figuren, die verschiedene Formen der Arbeitsmigration repräsentieren, wird die Figur der/des Geflüchteten beleuchtet. Die im Bezugssystem von Asyl und Menschenrechten verankerte Figur kann zwar sowohl Menschen auf der Flucht als auch anerkannte Flüchtlinge bezeichnen, in diesem Beitrag wird allerdings auf Personen prekären Aufenthalts während des Asylverfahrens fokussiert. Gleichzeitig kann sich die/der Geflüchtete in den beschriebenen drei Figuren wiederfinden, da Asylwerbende aufgrund des (relativen) Ausschlusses vom Arbeitsmarkt als Saisoniers oder im Care-Bereich tätig sein können (bzw. müssen) und manche Blue-Card-BesitzerInnen wohl Anspruch auf Asyl hätten, aufgrund ihres sozialen Status allerdings nicht gezwungen waren, eine gefährliche (weil illegalisierte) Route nach Europa zu wählen.

Die Ausführungen betrachten Entwicklungen an der Schnittstelle von Migration und Arbeitsmarkt und ihre Einbettung in politische Diskurse in Österreich, der analytische Fokus liegt dabei auf migrations- und nicht auf integrationspolitischen Debatten. Dabei werden neben Versuchen der Kontrolle durch staatliche AkteurInnen auch die (relative) Autonomie der Migrierenden selbst und ihre subversiven Praktiken in den Blick genommen. Insgesamt zeigt sich, dass die (österreichische) Migrationspolitik vor allem von ökonomischen Interessen geleitet war und ist, auch wenn Maßnahmen der Steuerung von Migration seit den 1990er Jahren verstärkt mit sicherheitspolitischen Überlegungen gerechtfertigt wurden und werden.

2. Mythos ‚Gastarbeit‘

2016 jährte sich der Abschluss des Anwerbeabkommens zwischen Österreich und Jugoslawien zum fünfzigsten Mal. So in Österreich überhaupt an ‚Gastarbeit‘ erinnert wird, werden vor allem solche Daten in den Fokus der Aufmerksamkeit gerückt, mit denen suggeriert wird, dass die Phase oder zumindest der Beginn der ‚Gastarbeit‘ eine Zeit der Regulierung und Kontrolle von Zuwanderung war. Tatsächlich haben von Seiten Österreichs und anderer anwerbender Länder zahlreiche Versuche der Kontrolle von Zuwanderung stattgefunden: Es wurden Kontingente festgelegt und die Arbeitswilligen in eigens geschaffenen Anwerbebüros in den Herkunftsländern einer strengen Auswahl unterzogen. Im Fokus stand dabei die Eignung der Arbeitsuchenden, wobei mit teils demütigenden Prozeduren vor allem deren körperliche Gesundheit und damit Arbeitsfähigkeit festgestellt werden sollte. Frauen, die als ‚Gastarbeiterinnen‘ tätig sein wollten, mussten zusätzlich eine Bestätigung vorlegen, nicht schwanger zu sein.[2] Jene Personen, die diese Selektionsprozesse erfolgreich durchliefen und Arbeitsstellen in Österreich bekamen, sollten zudem einem Rotationsprinzip unterworfen werden: Geplant war, sie nur befristet zu beschäftigen, um sie dann gegen andere Arbeitswillige auszutauschen.

Ein Blick auf die reale Praxis der ‚Gastarbeit‘ zeigt jedoch, dass schon diese Phase von staatlichem Kontrollverlust geprägt war: Nicht nur wurde das Rotationsprinzip gerade während der Hochblüte der ‚Gastarbeit‘ praktisch ausgesetzt, auch die Anwerbebüros wurden häufig umgangen. Bereits vor und schon bald nach Beginn der offiziellen Anwerbungen kam ein Großteil der ‚GastarbeiterInnen‘ über semi-offizielle Wege nach Österreich, wobei häufig auf private Netzwerke zurückgegriffen werden konnte. Einerseits wurden viele Menschen von FreundInnen oder Familienmitgliedern, die bereits in Österreich tätig waren, angeworben, andererseits bestand die Möglichkeit, zunächst als TouristIn nach Österreich einzureisen, um dann nach dem Beginn eines Arbeitsverhältnisses eine Arbeitsgenehmigung zu bekommen (Mayer 2010: 132).

Betrachtet man die Phase der ‚Gastarbeit‘ durch die Brille der kritischen Migrationsforschung, scheint es, als ob die ‚GastarbeiterInnen‘ relativ autonom handeln konnten. Die kritische Migrationsforschung zeichnet sich unter anderem dadurch aus, dass sie zum einen Versuche der Regulierung und Restriktion von Migrationsbewegungen durch (nicht-) staatliche AkteurInnen in den Fokus rückt und zum anderen Migration als soziale Bewegung versteht, das heißt staatliche Versuche der Regulierung von Migration als Antwort auf Kämpfe um Mobilität interpretiert (Hess et al. 2014: 18; Bojadžijev 2012). Die von den ‚GastarbeiterInnen‘ ausgeübte Autonomie muss allerdings vor dem Hintergrund der Ökonomisierung der Migration verstanden werden: „The economisation of migration means, first, that migration is constructed as an economic issue that is believed to follow and should therefore be governed according to market principles“ (Horvath 2014: 158). Entsprechend wurde das Rotationsprinzip zwar auch auf Druck der Arbeitenden, die nicht in ihre Herkunftsländer zurückkehren wollten, aber vor allem auf Druck von ArbeitgeberInnen, die den ständigen Wechsel von Arbeitskräften als ökonomisch nicht sinnvoll bewerteten, quasi abgeschafft. Die gängige Praxis der „Touristenbeschäftigung“ (Gächter 2008), das heißt der Umgehung der Anwerbebüros, war zwar auch im Interesse der Arbeitssuchenden, aber gleichzeitig vor allem von Vorteil für die ArbeitgeberInnen, die so relativ einfach und schnell dringend benötigte Arbeitskräfte rekrutieren konnten.

Dem Mythos der Zeit der ‚Gastarbeit‘ als einer Phase der weitgehenden Kontrolle der Migration steht auch die Tatsache entgegen, dass der Arbeitsmarktbereich rechtlich unzureichend geregelt war und ‚GastarbeiterInnen‘ der Willkür der österreichischen Verwaltung ausgesetzt sein konnten. „Die Auswirkungen der Rechtslage“, so Joachim Stern (2010: 198), „zeigten sich abseits des normativ direkt Messbaren: in politischen Willensbedingungen oder verborgenen Deals; in internen Verwaltungsanweisungen; im überlastungsbedingten, strategisch oder mitunter wohlgesonnenen Nichteinschreiten; im gezielten Exekutieren oder Nichtexekutieren der Vorschriften.“ Diese Willkür ist jedoch durchaus zwiespältig zu sehen, war sie doch für die ‚GastarbeiterInnen‘ zum Teil durchaus von Vorteil, etwa, wenn bestehende Vorschriften wie im Falle der Einreise zum

Zweck der Arbeitssuche mit Touristenvisa umgangen werden konnten. Nichtsdestotrotz richteten sich die staatlichen Maßnahmen mit Bezug auf Migrierende vor allen an den wirtschaftlichen Interessen Österreichs aus. Paul Scheibelhofer hebt den „Herrschaftsblick" hervor, der auf „männliche, belastbare und ausbeutbare Körper" abzielte, diesen über die Grenze folgte, um ihnen hier ein Gefahrenpotenzial zuzuschreiben, mit Hilfe dessen „Kontroll- sowie Überwachungsmaßnahmen legitimiert" wurden (Scheibelhofer 2012: 68 f). Die bereits damals vorgebrachten Sicherheitsbedenken gegenüber männlichen ‚Gastarbeitern' waren jedoch nicht so relevant, als dass das System der ‚Gastarbeit' an sich in Frage gestellt wurde.

Nicht zuletzt wurde in den 1970er Jahren, als die Wirtschaftsflaute in Österreich das Ende der ‚Gastarbeit' einläutete, sowohl von der SPÖ als auch von den Gewerkschaften argumentiert, dass auch die bereits in Österreich anwesenden ‚GastarbeiterInnen' von strikterer Kontrolle der Migrationsbewegungen profitieren würden (Mayer 2010: 140). Dass manche Migrierenden von strikteren Maßnahmen und Praktiken profitieren, kann allerdings nicht als Rechtfertigung für diese gesehen werden. Tatsächlich stellte das Ausländerbeschäftigungsgesetz 1975 in Österreich eine Zäsur im Umgang mit Zuwanderung dar, die für (potenzielle) Migrierende vor allem von Nachteil war und ist: Die Erdölkrise und die darauffolgende Rezession wurden herangezogen, um einen Anwerbestopp für GastarbeiterInnen zu legitimieren. Die an Bedeutung gewinnende Form der Zuwanderung war nun folglich der Familiennachzug, wobei auch andere Formen der Immigration weiterhin existierten bzw. existieren, wenn auch unter ungleich schwierigeren Bedingungen (Schumacher/Peyrl 2006: 95).

3. Das Phänomen Migrationsmanagement

Auf die politischen Umbrüche wie das Ende des Kalten Krieges und den symbolträchtigen ‚Fall der Mauer' 1989 wurde in Westeuropa anfänglich mit Enthusiasmus reagiert, bald folgte jedoch die Angst vor der vermeintlichen ‚Überfremdung', wie sie beispielsweise von rechtspopulistischen Parteien wie der FPÖ propagiert wurde (Matouschek 1997). In den frühen 1990er Jahren entwickelte sich zudem als Folge neoliberaler Globalisierung und den daraus entstehenden weltweiten Konflikten eine

Irene Messinger, Viktorija Ratković

„neue Dynamik internationaler Migration" (Georgi 2016: 14). Die neue Mobilität aus dem globalen Süden, die nach der Phase der ‚Gastarbeit' eine weitere bedeutende Phase der Zuwanderung nach Europa darstellte, unterschied sich dadurch, dass es sich mehrheitlich um unkontrollierte und illegalisierte Einwanderung handelte. Auf diese wurde mit dem Ausbau der ‚Festung Europa' mittels Migrationskontrolle in Form (militärischer) Absicherung der Außengrenzen und strengerer Gesetze mit dem Ziel der Nullzuwanderung reagiert. Auf diskursiver Ebene wurde „Migration als Bedrohung für Sicherheit, nationale Identität und Wohlstand" (Buckel 2012: 90) gezeichnet. Dabei darf allerdings nicht vergessen werden, dass Migration traditionell auch zuvor als Bedrohung dargestellt wurde, allerdings dominiert das Bedrohungsszenario seit den 1990er Jahren den Migrationsdiskurs und wird unter dem Schlagwort der ‚Securitization' (Versicherheitlichung der Migration) thematisiert (Huysmans 2000; Bigo 2002).

Immer drastischere – durch das angebliche Bedrohungspotenzial der Migration legitimierte – Maßnahmen der Abwehr von Zuwanderung zwangen und zwingen Menschen, immer größere Risiken auf sich zu nehmen, um ihr Zielland zu erreichen. Da sich allerdings viele dennoch nicht davon abhalten ließen und lassen, mussten die Länder des Globalen Nordens erkennen, dass Migration nicht einfach zu stoppen sein würde. Migration kann eben nicht durch entsprechende Politiken „wie ein Wasserhahn auf- und zugedreht werden" (Castles 2005: 15), da Zuwanderung ein dynamischer Prozess ist, der in persönlichen transnationalen Netzwerken organisiert ist, sodass die Möglichkeiten der Steuerung von Migration auf nationaler Ebene begrenzt sind.

Die „Krise der Migrationskontrolle" (Castles 2005: 16) führte dazu, dass in den 1990er Jahren stärker auf eine Europäisierung der Migrationspolitik gesetzt wurde, einhergehend mit einem Paradigmenwechsel in Richtung Migrationsmanagement (Ghosh 2000; Georgi 2016; Horvath 2014). Migration sollte nicht mehr generell abgelehnt, sondern nach vermeintlich rationalen Kriterien der ökonomischen ‚Nützlichkeit' gesteuert werden. Unter dem Schlagwort ‚triple-win' werden divergierende Interessen der Beteiligten, Machtunterschiede oder Konflikte ausgeklammert und ein Profit für alle Beteiligten versprochen: für die Herkunfts- und Aufnahmeländer sowie für die MigrantInnen selbst. Diesen Gewinn gilt es nach neoliberalen Denkmustern zu optimieren und dadurch zu maximieren

(Geiger/Pécoud 2012: 9). Der Unterschied zwischen dem Regime der ‚Gastarbeit' und dem Migrationsmanagement liegt darin, dass ein Profit der ‚GastarbeiterInnen' oder der Herkunftsländer nie angestrebt oder anzustreben propagiert wurde, es ging offen um den Profit für die Wirtschaft der Anwerbestaaten.

Dieses neue ganzheitliche Konzept beansprucht für sich, alle Migrationsformen zu berücksichtigen und einen Mittelweg zwischen offenen und geschlossenen Grenzen zu offerieren. Migration soll nach dem Prinzip der ‚regulated openness' proaktiv organisiert werden, indem als legal definierte Migration unterstützt und illegalisierte Migration verhindert wird. Legale Formen der Einwanderung stehen allerdings nur wenigen Menschen offen, das heißt der Großteil von MigrantInnen ist gezwungen, auf informelle Formen der Einreise zurückzugreifen. Bezeichnenderweise wird die so definierte ‚illegale Migration' in den Diskursen des Migrationsmanagements gemeinsam mit dem Thema Flucht und Asyl diskutiert, wodurch auch Geflüchtete und Asylsuchende im Grunde als ‚illegale MigrantInnen' definiert werden und ihre Migration primär unter den Gesichtspunkten ihrer Verhinderung sowie der Frage der Rückführung betrachtet wird. Die Schutzbedürftigkeit von Geflüchteten oder menschenrechtliche Überlegungen spielen eine untergeordnete Rolle.

Migrationsmanagement kann als neue „Regierungskunst" verstanden werden, die darin besteht, dass Migrationspolitik nicht mehr auf die (versuchte) Verhinderung von Zuwanderung abzielt, sondern darauf, „Migration zu steuern und sie somit nicht zu exkludieren, sondern selektiv und differentiell zu inkludieren" (Kasparek/Hess 2010: 17). Für Österreich wird die Zementierung des Migrationsmanagements mit dem Aufenthaltsgesetz 1992 festgemacht: In diesem wurden weitere Klassifikations- und Selektionsmechanismen zur Schlechterstellung von MigrantInnen bei gleichzeitiger Selektion zwischen Gewünschten und Ungewünschten festgeschrieben (Ataç/Kraler 2006). Die in den 1990er Jahren beginnende Entwicklung fand ihre verstärkte Fortsetzung und Ausbreitung in den 2000er Jahren, einer Zeit, die etwa von Serhat Karakayali (2008) als „Post-Gastarbeitsregime" bezeichnet wird.

4. Das aktuelle Post-Gastarbeitsregime und seine Konsequenzen

Wenn das heutige Migrationsregime unter anderem als Post-Gastarbeitsregime bezeichnet wird (vgl. auch Buckel 2012: 91), impliziert dies, dass die vorrangig ökonomischen Prinzipien der Anwerbeabkommen in den 1960er Jahren heute als auf die Spitze getrieben und umgesetzt zu sehen sind. Erstens ist gegenwärtig die Auswahl jener, die migrieren dürfen, rigider und basiert nach wie vor auf deren Leistungsfähigkeit. Neu ist dabei, dass heute vor allem zwischen zwei Gruppen von Arbeitenden unterschieden wird: Zum einen ist die Rede von einem „global race" um die besten Köpfe, das heißt um hochqualifizierte Personen (Buckel 2012: 92), zum anderen steht diesen ein Heer prekarisierter Personen gegenüber, wobei Letztere zum Teil sehr wohl qualifiziert sind, aber (systematisch) dequalifiziert werden (Bakondy 2010b). Zweitens ist das System der Rotation, das eigentlich den Kern der ‚Gastarbeit' bilden sollte und de facto damals nicht umgesetzt werden konnte, heute gang und gäbe. Gerade die Saisonarbeit, die für Drittstaatsangehörige aktuell eine der wenigen Möglichkeiten ist, in Österreich legal zu arbeiten, ist so geregelt, dass ArbeitsmigrantInnen nicht nur von sozialer Absicherung ausgeschlossen sind, sondern auch niemals das Recht erwerben können, dauerhaft in Österreich zu bleiben. Deswegen bezeichnet Karakayali (2008: 214) das Post-Gastarbeitsregime im Anschluss an Foucault (2004: 37) als eine „Regierung der Zirkulation", die darauf ausgelegt ist, Zirkulation zu kontrollieren und zu reglementieren.

Im Folgenden wird anhand von paradigmatischen Figuren, die im deutschen Kontext bereits im Zusammenhang mit Migrationsmanagement beschrieben wurden (Buckel 2012, Georgi 2016; Karakayali 2008; Karakayali/Tsianos 2005; Purtscher/Meyer 2008), die Situation in Österreich thematisiert: Erstens wird die Situation hochqualifizierter Personen, zweitens jene der (illegalisierten) Care-ArbeiterInnen und schließlich jene von Saisonarbeitskräften als drei Figuren des Post-Gastarbeitsregimes beleuchtet. Neu hinzu kommt die Figur der/des Geflüchteten, das heißt eine vierte Figur, anhand derer gezeigt wird, wie die Migration aus Drittstaaten von Personen, die in westlichen Ländern Asyl beantragen (wollen), einem Grenzmanagement unterworfen wird und wie dies in Konzepte des

Migrationsmanagements eingebettet ist. Denn während die EU durch die Schaffung des Konstrukts des ‚Unionsbürgers' (Rathfisch 2015) die Migration dieser Gruppe als erwünschte Mobilität akzeptiert und propagiert[3], wird die Zuwanderung aus Nicht-EU-Staaten, also jene von ‚Drittstaatsangehörigen', zunehmend verunmöglicht: Für Angehörige dieser Gruppe bestehen aktuell kaum Möglichkeiten einer legalen Zuwanderung in europäische Staaten.

4.1. Hochqualifizierte Personen

Die Anwerbung hochqualifizierter Arbeitskräfte, die auf EU-Ebene vorangetrieben wurde, konnte mittels des Konzepts der Blue Card als erste und bis heute einzige europäische Richtlinie im Bereich der Arbeitsmigration durchgesetzt werden (Richtlinie 2009/50/EG des EU-Rats 2009). Die ‚besten Köpfe' verfügen über eine hohe formale Bildung und sehr gute Bezahlung. Als Beispiel für die Anwerbung Hochqualifizierter dient die Rot-Weiß-Rot-Karte, die 2011 ins österreichische Fremdenrecht eingeführt wurde und als ein „System kriteriengeleiteter und qualifizierter Zuwanderung für Drittstaatsangehörige […] aufgrund *festgelegter* klarer und transparenter *Kriterien* sowie *ohne Quotenregelungen*" (BM.I 2016a, Hervorhebungen im Original) beworben wird. Sie soll, auf die Bedürfnisse des Arbeitsmarkts abgestimmt, neben den Hochqualifizierten auch Fachkräften in Mangelberufen und sonstigen Schlüsselkräften offenstehen.

Auf der Website migration.gv.at, betrieben vom Sozial- und Innenministerium (2016), kann getestet werden, wer den geforderten Kriterien als Hochqualifizierte/r entspricht. Nur wer als drittstaatsangehörige Person mehr als 70 Punkte erreicht, erhält die Chance auf ein halbes Jahr Jobsuche in Österreich. Die Erwünschtheit einer Arbeitskraft misst sich demnach nach an ihren Qualifikationen, Berufserfahrungen, Sprachkenntnissen, ihrem Alter und ihrer Studienzeit in Österreich. Bezeichnenderweise wird als Beispiel eine 30-jährige russische Informatikerin mit sehr guten Englischkenntnissen vorgestellt, die 72 Punkte erreicht. Die Informatikerin hat offenbar eine Normbildungsbiografie, ihr Studium in Mindeststudienzeit abgeschlossen und für die erforderlichen sechs Jahre Berufserfahrung ab dem 24. Lebensjahr durchgehend als Informatikerin gearbeitet. Es ist daher zu vermuten, dass sie kein Kind oder andere Sorgepflichten hatte, zudem hat sie ein MINT-Studium (d.h.

IRENE MESSINGER, VIKTORIJA RATKOVIĆ

ein Studium der Mathematik, Informatik, der Naturwissenschaft oder Technik) abgeschlossen, das 30 zusätzliche Punkte bringt.

Im Jahr 2015 wurden in Österreich 1.181 Karten an hochqualifizierte Personen vergeben, davon über 75 Prozent an Männer, zumeist im Alter von 25 bis 29 Jahren und mit Ausbildungen in technischen Berufen (BM.I 2016b: 2). Angesichts der geringen Zahlen jener, die die Karte in Anspruch nehmen, stellen sich zwei Fragen: Zum einen, warum das System der Blue Card europaweit kaum genützt wird, wobei dies mit der fehlenden wirtschaftlichen Attraktivität, den bürokratischen Verfahren und den hohen Hürden, die nur von wenigen BewerberInnen tatsächlich erfüllt werden können, erklärt werden könnte. Zum anderen stellt sich die Frage, ob es sich bei der Rot-Weiß-Rot-Karte nicht vor allem um ein Marketinginstrument handelt. So entspricht die Rede von MigrantInnen als ‚hochqualifiziert' dem Diskurs des Migrationsmanagements, der diese als für die ‚einheimische' Wirtschaft nützlich beschreibt und gleichzeitig vermittelt, dass die staatliche Regulation von Zuwanderung möglich und erfolgreich ist.

Hinsichtlich dieser Argumentationen der Bereicherungslogik und der Legitimität von kontrollierter Immigration bestehen Kontinuitäten mit der Zeit der ‚Gastarbeit' – allerdings mit dem Unterschied, dass damals Personen mit vermeintlich geringer Qualifizierung diesen Nutzen verhießen, während dies heute hoch ausgebildete Personen sind. Der Wandel kann als Reaktion auf die sich verändernde wirtschaftliche Produktion, vom Fordismus zum Postfordismus, gelesen werden. In der Zeit der ‚Gastarbeit' wurden niedrig qualifizierte Arbeitskräfte benötigt, während im neoliberalen postfordistischen Regime einerseits Hochqualifizierte und andererseits Prekarisierte, zum Beispiel im Care-Bereich, notwendig sind. Sowohl ‚GastarbeiterInnen' als auch ‚Hochqualifizierte' werden bzw. wurden in dieser Logik lediglich als Arbeitskräfte wahrgenommen, deren Existenzberechtigung davon abhängt, was sie für die österreichische Wirtschaft zu leisten imstande sind. Nicht zuletzt offenbart der ‚Wettbewerb um die besten Köpfe', dass die Rede von einem ‚triple-win' durch Migration insbesondere in diesem Fall aus Sicht der Länder des Globalen Südens zu hinterfragen ist, stellt doch gerade die Migration hochqualifizierter Personen einen für diese langfristig problematischen Verlust dar.

Aktuell wird von der EU-Kommission eine neuerliche Reform der Blue-Card-Richtlinien geplant, die mit dem Bestehen ‚illegaler' Flucht-routen in Zusammenhang gebracht wird. So stellte die Kommission fest, dass die Fluchtbewegungen des Jahres 2015 verdeutlicht hätten, dass das aktuelle ‚Dublin System' reformiert werden müsse: „To reduce the reliance on irregular routes going forward, the Commission is also preparing a package of measures on legal migration, including a reform of the Blue Card Directive" (European Commission 2016). Das Papier der EU stellt also einen direkten Zusammenhang zwischen zwei konträren Formen der Einreise her, spielt die legale gegen die illegale Einreise von Geflüchteten aus und hält im Grunde fest, dass (vor allem) hochqualifizierten Asylsu-chenden künftig legale Einreisemöglichkeiten eröffnet werden sollen.

4.2. Care-ArbeiterInnen

Während die Zuwanderung hochqualifizierter Personen – die in der Realität eine nur kleine, überwiegend männliche Gruppe darstellen – von staatlicher Seite prominent beworben und vordergründig gefördert wird, erfährt die weitaus größere und fast ausschließlich weibliche Gruppe der Haushalts- und/oder Care-ArbeiterInnen eine deutlich andere Behandlung. So beschreibt etwa Sonja Buckel (2012) anhand der beiden diametralen Figuren des männlichen Hochqualifizierten und der Haushaltsarbeiterin, wie diese hochgradig vergeschlechtlichten nationalen Migrationsre-gimen unterworfen werden (Buckel 2012). Dass gerade Care-Arbeit in der nordwestlichen Hemisphäre oftmals von illegalisierten Frauen aus dem Globalen Süden und Osten geleistet wird, ist auch als Verschränkung von Rassismus und Sexismus zu sehen, die Sorgearbeit als ‚frauentypisch' und unqualifiziert definiert (vgl. auch Gutiérrez Rodríguez 2010: 44ff). Nicht zuletzt stehen Care-Arbeiterinnen heute symbolisch sowohl für die Femi-nisierung von Migration als auch die Feminisierung von Arbeit (Mezzadra/Neilson 2013: 104f). So sind heute einerseits fast die Hälfte aller Migrant-Innen Frauen und andererseits nimmt die Anzahl prekarisierter Arbeits-verhältnisse zu. Die steigende Nachfrage nach (illegalisierten) Haushalts-arbeiterInnen muss auch vor dem Hintergrund des Aufkommens des Postfordismus gesehen werden, in dessen Rahmen die Entrechtung und Diskriminierung bestimmter Gruppen geradezu die Notwendigkeit zu deren Ausbeutung und Profitmaximierung darstellt (Georgi 2016: 486).

Die irreguläre 24-Stunden-Pflege wurde in Österreich lange Zeit weitestgehend geduldet. Erst 2007 wurde sie in Form des Hausbetreuungsgesetzes rechtlich reguliert und eröffnete die Möglichkeit, auf Angestellten- oder Selbstständigenbasis in der 24-Stunden-Pflege zu arbeiten beziehungsweise zu beschäftigen. Die rechtliche Regulierung führt dabei nicht notwendigerweise zur Verbesserung der Arbeitsbedingungen der PflegerInnen selbst, denn durch die gesetzliche Regulierung wird im Grunde ein prekäres Arbeitsmarktsegment etabliert und gefördert. Nicht zuletzt profitiert von dieser Prekarität auch der österreichische Staat selbst, da die Kosten, die für die 24-Stunden-Betreuung anfallen und von den Ministerien mitgetragen werden, deutlich geringer sind, als es die Pflege in stationären Pflegeeinrichtungen wäre.

Die Care-Arbeitenden selbst pendeln meist im zweiwöchigen Rhythmus zwischen ihrer Arbeit in Österreich und ihrem Herkunftsland, bei dem es sich häufig um ein ‚neues‘ EU-Land handelt (Slowakei, Rumänien, Ungarn). Nur wenige Care-ArbeiterInnen sind angestellt, der Großteil der gemeldeten Care-ArbeiterInnen arbeitet unter dem Titel ‚Selbstständige‘ im Gewerbe der ‚Personenbetreuung‘. Nach Angaben der Wirtschaftskammer sind etwa 50.000 Personen als selbstständige PflegerInnen gemeldet (WKÖ-Presseabteilung 2015). Dieses Modell orientiert sich stärker an den Bedürfnissen der Pflegebedürftigen als an jenen der Care-ArbeiterInnen, für die weiterhin unterdurchschnittliche arbeitsrechtliche Standards gelten (Bachinger 2010; Kretschmann/Pilgram 2011). Durch die Legalisierung der Arbeitsverhältnisse konnte zwar ein Zugewinn an Rechten wie die Sozialversicherung erreicht werden, dennoch kann als selbstständige Personenbetreuerin kein langfristiger eigenständiger Aufenthaltstitel abgeleitet oder gar der Zugang zur österreichischen Staatsbürgerschaft erworben werden.

Die staatliche Informationsseite help.gv.at sieht vordergründig die Beschäftigung von EU-BürgerInnen vor, da die Informationsmaterialien nur in Sprachen aus dem geografischen EU-Umfeld Österreichs vorhanden sind (Deutsch, Polnisch, Rumänisch, Slowakisch, Tschechisch und Ungarisch). Drittstaatsangehörige finden auf der Website keine Erwähnung, die einzige Ausnahme sind Personen aus der Ukraine.

Die zunehmende Arbeitsaufnahme als Haushalts- und/oder Care-ArbeiterInnen kann in den Herkunftsländern zu einem ‚care drain‘ führen, wenn durch Pendelmigration die eigene Versorgung mit bezahlten und unbezahlten Pflegeleistungen nicht mehr gewährleistet ist. Care-Arbeit ist heute zwischen privilegierten, mehrheitlich österreichischen Frauen und Migrantinnen aufgeteilt, die zum Teil nur prekären Aufenthaltsstatus haben. Nicht zuletzt führen die Arbeitsbedingungen in den Privathaushalten zu Abhängigkeitsverhältnissen und zur Vereinzelung der Care-ArbeiterInnen. Beides erschwert ihre Selbstorganisation, weshalb öffentlicher Protest gegen die teils ausbeuterischen Verhältnisse kaum stattfindet. Gleichzeitig darf nicht vergessen werden, dass noch lange nicht alle Care-ArbeiterInnen in legalisierten Arbeitsverhältnissen tätig sind, das heißt gerade diese Personen sind im öffentlichen Diskurs so gut wie unsichtbar (Grubner 2009; Gutiérrez Rodríguez 2010). Diese Unsichtbarkeit und die (geplante) Rotation des Aufenthalts der legalisierten 24-Stunden-PflegerInnen teilen sie mit den ‚GastarbeiterInnen‘ der 1960er und 1970er Jahre.

4.3. SaisonarbeiterInnen

Die schon weiter oben beschriebene „Regierung der Zirkulation" (Karakayali 2008: 2014) betrifft in Österreich vor allem jene Personen, die als Saisonarbeitskräfte tätig sind, beispielsweise im Tourismus, in der Landwirtschaft oder am Bau. Die Kategorie ‚Saisonarbeiter‘ wurde bereits 1992 mit dem Argument des Bedarfs der Wirtschaft eingeführt, wobei ausländische Arbeitskräfte von allen österreichischen Parteien (wenn auch aus unterschiedlichen Beweggründen) als Lösung wirtschaftlicher Probleme gesehen wurden (Horvath 2014: 162f). Mit der Novellierung des Fremdenrechts 2002 wurde die Zuwanderung von wenig qualifizierten Personen erschwert. Die Saisonarbeit – ausgeweitet von sechs auf zwölf Monate und auf alle Branchen – wurde zum Erfolgsmodell der neuen ‚Gastarbeit‘. Durch einen perfiden Trick (nach einem Jahr ‚Gastarbeit‘ musste zwei Monate pausiert werden) führten diese befristeten Beschäftigungsbewilligungen, die für Nicht-EU-Staatsangehörige auch die Befristung der Aufenthaltserlaubnis bedeuteten, zum Ausschluss vom Bezug des Arbeitslosengeldes, von Aufenthaltssicherung oder sozialen Rechten, auch wenn die Saisonniers de facto jahrelang in Österreich arbeiteten.

Im Unterschied zu den Care-ArbeiterInnen werden bei Saisonarbeitskräften durch den österreichischen Staat vor allem Drittstaatsangehörige angesprochen. Für Saisonarbeit sind Kontingente vorgesehen, doch

Irene Messinger, Viktorija Ratković

Arbeitsbewilligungen werden nur für jene ausgestellt, die das sogenannte Ersatzkraftverfahren bestehen: also eine Arbeitsmarktprüfung des Arbeitsmarktservice (AMS), die ergibt, dass keine andere inländische Arbeitskraft für die Stelle vermittelt werden kann, ein Kontingentplatz frei ist und der/die ArbeitgeberIn die geltenden Lohn- und Arbeitsbedingungen einhält (Bundesministerium für Arbeit, Soziales und Konsumentenschutz und Bundesministerium für Inneres 2016).

Während die ersten beiden Kriterien vonseiten des AMS streng geprüft werden, werden die Lohn- und Arbeitsbedingungen selten zum Thema. Die ArbeitgeberInnen nutzen die prekäre aufenthaltsrechtliche Situation häufig aus und betreiben Lohn- und Sozialdumping. Gegen die teils ausbeuterischen Bedingungen in der Saisonarbeit regt sich Widerstand, unter anderem von den Betroffenen selbst, von NGOs und von den Gewerkschaften. Im Oktober 2013 traten in Tirol rund 60 ErntehelferInnen aus Rumänien und Serbien in Streik, um auf ihre Ausbeutung, Unterbezahlung und ungenügenden Arbeits- und Wohnbedingungen aufmerksam zu machen. Unterstützt durch die Arbeiterkammer erkämpften sie Lohnnachzahlungen. Als Beispiel der Selbstorganisation und der Vernetzung durch NGOs und Gewerkschaft kann die Kampagne und das Informationsportal sezonieri.at genannt werden, das sich für die Rechte von ErntehelferInnen einsetzt (Sezonieri-Kampagne für die Rechte von ErntehelferInnen in Österreich und Europäisches BürgerInnenforum 2016). Ähnliche Ziele zur Unterstützung aller undokumentiert Arbeitenden verfolgt undok.at, ebenfalls in Kooperation mit Gewerkschaften.

4.4. Geflüchtete

Geflüchtete und Asylsuchende nehmen innerhalb der Gruppe der MigrantInnen eine Sonderposition ein, da ihnen die Genfer Flüchtlingskonvention (GFK) völkerrechtlich Schutz zusichert. Dieser Schutz wird allerdings durch zahlreiche Maßnahmen *de facto* unterlaufen, so ging mit der Zunahme der Asylanträge in Europa seit den 1990er Jahren der Ausbau der ‚Festung Europa' einher. Durch die Notwendigkeit einer persönlichen Asylantragstellung müssen Schutzsuchende zudem eine häufig gefährliche Reise auf sich nehmen und die abgesicherten Grenzen mithilfe von SchlepperInnen überschreiten, das heißt sie werden zu immer riskanteren Formen der Flucht genötigt.

Entgegen der Kontingentierung bei anderen Formen der Zuwanderung ist bei Asylsuchenden eine Quote unzulässig, da sich die Unterzeichnerstaaten der Genfer Flüchtlingskonvention dazu verpflichtet haben, Menschen aufzunehmen, die bei ihnen um Schutz ansuchen, und zu prüfen, ob sie diesen benötigen. Kein Land kann sich folglich aussuchen, wie viele Geflüchtete es aufnehmen will, was allerdings weder innerhalb der EU noch innerhalb Österreichs Debatten über konkrete Maßnahmen zur Einführung von Verteilungs- oder Aufnahmequoten verhindert. In Österreich wurde die Einführung einer Obergrenze diskutiert, die als sogenannte Asyl-Notverordnung angewandt werden könnte. Weiters wurde die Regelung ‚Asyl auf Zeit' eingeführt, das heißt bei positiv beschiedenen Asylanträgen wird das Aufenthaltsrecht zunächst nur für drei Jahre erteilt. Ist die Situation im Herkunftsland der Geflüchteten nach Ablauf dieser drei Jahre unverändert und folglich weiterhin Schutzbedarf gegeben, wird ein unbefristetes Aufenthaltsrecht erteilt, andernfalls ist eine Aberkennung des Flüchtlingsstatus möglich. Damit wird entgegen asyl- und menschenrechtlichen Standards die zeitliche Befristung von Asyl eingeführt, die wiederum verhindern soll, dass sich unerwünschte Personen dauerhaft in Österreich niederlassen.

Bezeichnend ist zudem, dass Österreich Anfang 2016 ausgewählte Balkanstaaten zu einer Konferenz unter dem Titel „Managing Migration Together" eingeladen hat, die zur Lösung der fälschlicherweise so genannten ‚Flüchtlingskrise' beitragen sollte. Der Titel der Konferenz und das Ergebnispapier weisen darauf hin, dass die teilnehmenden Staaten das Ziel des effizienten Managements dieser ‚Krise' in einer europäischen Lösung suchen. Dabei wird betont, dass die Geflüchteten nahe ihrer Herkunftsländer versorgt werden sollen, um damit die Tatsache zu verschleiern, dass es primär darum geht, zu verhindern, dass Geflüchtete in großer Zahl in die Länder der EU gelangen. Tatsächlich soll durch die Vorverlagerung von Migrationskontrollen in Transit- und Herkunftsländer, den Ausbau von FRONTEX und andere Maßnahmen entschieden werden, welche Flüchtlinge unter welchen Bedingungen nach Europa kommen können. Dies bedeutet, dass indirekt eine Selektion nach Geschlecht, Alter, Herkunftsländern und finanziellen Ressourcen vorgenommen wird. In der Praxis werden letztlich junge, gebildete bzw. internetaffine Männer die besten Chancen bei informellen Grenzüberwindungen haben.

In zahlreichen EU-Dokumenten wird der mögliche ökonomische Vorteil Europas durch Geflüchtete hervorgehoben bzw. wie dieser durch richtig gesetzte Integrationsmaßnahmen vergrößert werden könne. Ein Beispiel dafür ist der im Juli 2016 erschienene Bericht der Europäischen Kommission unter dem Titel *An Economic Take on the Refugee Crisis*, der die 2015 Geflüchteten als ‚Gewinn‘ für Europa beurteilt, vorrangig aufgrund ihres im Vergleich zur EU-Bevölkerung durchschnittlich jüngeren und damit arbeitsfähigen Alters. Der Bericht betont auch, dass die Herkunftsländer der Geflüchteten zumeist als unsicher eingeschätzt würden, was zu einer hohen Anerkennungsquote im Asylverfahren führe (erstinstanzlich rund 52 Prozent für 2015 im EU-Durchschnitt). Folglich, so die Botschaft des Berichts, sei damit zu rechnen, dass viele der Geflüchteten in den Ländern der EU bleiben werden und in den Arbeitsmarkt integriert werden sollten. Entsprechende Maßnahmen müssten vorangetrieben werden, denn wären die Geflüchteten erst gut integriert, könnte ihr gesellschaftlicher Beitrag laut dem Bericht zu einer größeren Flexibilität beitragen sowie dabei helfen, die demografischen Herausforderungen zu meistern und die finanzwirtschaftliche Nachhaltigkeit zu verbessern (European Commission 2016). Die EU-Kommission betont mehrfach, dass geringe Zugangsbarrieren zum Arbeitsmarkt förderlich seien, um die Beschäftigung von Geflüchteten zu unterstützen. Hervorgehoben werden die mittelfristig positiven Auswirkungen auf das Wirtschaftswachstum. Diese Argumentation für einen offenen Arbeitsmarktzugang ist zwar grundsätzlich positiv, läuft jedoch Gefahr, Geflüchtete lediglich vor einem ökonomischen Verwertungshintergrund zu sehen.

Auch in politisch-medialen Debatten in Österreich werden Geflüchtete solchen Bewertungskriterien unterworfen, obwohl sie laut GFK diesen Ansprüchen gerade nicht genügen müssten, da es eigentlich nur um die Glaubhaftmachung von Verfolgung gehen sollte. Dennoch werden von manchen BefürworterInnen der Aufnahme von Flüchtlingen nicht nur humanitäre und demografische Argumente vorgebracht, sondern es wird auch offen wirtschaftlich argumentiert, wie beispielsweise in einer Studie der österreichischen Nationalbank, die konjunkturbelebende Effekte der ‚Flüchtlingskrise‘ erwartet (ÖNB 2015). Als die Stimmung gegenüber Geflüchteten Anfang 2016 zu kippen drohte, wurde als Ergebnis des vom AMS durchgeführten ‚Kompetenzcheck Flüchtlinge‘ präsentiert, dass vermehrt Menschen mit hohen Bildungsabschlüssen aus dem Nahen Osten nach Österreich kämen. Es wurde die Heterogenität der Gruppe betont, jedoch auch, dass mit Ausnahme Afghanistans je nach Herkunftsland 50 bis 80 Prozent der Flüchtlinge über Matura oder Universitätsabschluss verfügten (Arbeitsmarktservice 2015). Dies verfestigte zwei konträre Bilder von Geflüchteten: Einerseits wurde vor allem im Herbst 2015 das Bild vom hohen Bildungs- und Integrationswillen der ,syrischen Ärzte' und ihrer Familien gezeichnet, andererseits wurde ab Jahresbeginn 2016 die vermeintliche Bedrohung durch junge, ungebundene afghanische Analphabeten betont, die medial zusätzlich in das Umfeld von Sexualdelikten gerückt wurden.

Der ,Wert' der Geflüchteten für die Aufnahmegesellschaften wird folglich an mitgebrachten und umsetzbaren Ausbildungen, Sprachkenntnissen usw. gemessen. Integration wird mit dem Thema Alter bzw. Familienstand verknüpft, die über die Erwünschtheit entscheiden. Nicht zuletzt dominiert das Thema Sicherheit unter neuem Vorzeichen der ,Terrorgefahr' die Ressentiments gegen Geflüchtete. Gleichzeitig haben Asylwerbende in Österreich nur bedingt Zugang zum Arbeitsmarkt, das heißt sie können auf nur zwei Arten legal tätig sein: Erstens können sie drei Monate nach der Zulassung zum Asylverfahren Ernte- bzw. Saisonarbeit aufnehmen, allerdings nur nach Absolvierung des Ersatzkraftverfahrens und mit zeitlichen Befristungen (sechs Wochen als ErntehelferIn, sechs Monate im Tourismus). Zweitens dürfen sie ein ,freies' Gewerbe ausüben, also selbstständige Arbeit ohne formale Ausbildung wie beispielsweise die Sexarbeit. Asylwerbenden stehen also vor allem körperlich anstrengende, gefährliche und marginalisierte Arbeitsbereiche offen, die zudem jene sind, in denen Ausbeutungsverhältnisse und Prekarisierung eher Norm als Ausnahme sind.

5. Fazit

Im Fokus dieses Beitrags standen die Veränderungen der österreichischen Migrationspolitik vom Gastarbeitsregime der 1960er und 1970er bis in die heutige Zeit, die auch als Post-Gastarbeitsregime bezeichnet wird und maßgeblich von den Axiomen eines neoliberalen Migrationsmanagements geprägt ist. Es konnte gezeigt werden, dass – obwohl ‚Gastarbeit‘ häufig als ein abgeschlossenes Kapitel österreichischer Geschichte wahrgenommen wird – Parallelen und Kontinuitäten bis heute feststellbar sind. So sind die Migrationspolitiken schon seit den 1960er Jahren vor allem von der Ökonomisierung der Migration geprägt, das heißt es wurde und wird zwischen nützlichen, verwertbaren und daher erwünschten MigrantInnen einerseits und weniger nützlichen und daher unerwünschten (Armuts-)MigrantInnen bzw. Geflüchteten andererseits unterschieden, wobei die Nützlichkeit qua Geschlecht, Herkunft, Ausbildung usw. bemessen und bewertet wird.

Allerdings bestehen hinsichtlich der Kriterien der Anwerbung und der erwarteten Leistung deutliche Unterschiede zwischen der ‚Gastarbeit‘ und heute: So findet im Unterschied zu den nationalen Anwerbepolitiken und -präferenzen der 1960er und 1970er Jahre heute ein internationaler Wettbewerb um die ‚besten Köpfe‘ statt. Gleichzeitig haben die Feminisierung der Migration einerseits und der Aufstieg des Postfordismus andererseits zu einem deutlich erhöhten Bedarf an prekarisierten Care- und SaisonarbeiterInnen geführt. Auf perfide Weise wurde dabei die Kernidee der ‚Gastarbeit‘ in die Tat umgesetzt, das heißt während die ‚GastarbeiterInnen‘ sehr wohl die Chance hatten, sich in Österreich niederzulassen und zumindest partiell in den Sozialstaat integriert zu sein, verwehrt die „Regierung der Zirkulation" (Karakayali 2008: 2014) heute den Saisoniers und Care-ArbeiterInnen aus Drittstaaten systematisch den Zugang zu sozialen und politischen Rechten. Dass die Elitemigration diesem Zwang zur Zirkulation nicht unterworfen wird, zeigt, dass hier sehr wohl nach Klasse differenziert wird, wer zum Rotieren gezwungen und wer zum Bleiben ermutigt werden soll.

Nichtsdestotrotz lässt sich feststellen, dass Migrationskontrolle tatsächlich weder zur Zeit der ‚Gastarbeit‘ noch heute in dem Ausmaß gelingt, wie es von staatlicher Seite gewünscht und propagiert wird: Versuche der strikten Regulation wurden in den 1960er und 1970er Jahren etwa durch Arbeitsvermittlung im Rahmen informeller Netzwerke umgangen bzw. können die Anwerbeabkommen an sich als Reaktion auf ohnehin stattfindende Migration interpretiert werden. Während im Gastarbeitsregime die ‚Touristenbeschäftigung‘ mit späterer Arbeitsgenehmigung eingeplant war, sind heutige Migrationsregime mit der Implementation von Grundsätzen des Migrationsmanagements in die nationalen Gesetzgebungen darauf ausgelegt, dass Menschen die Grenzen gar nicht passieren können bzw. erst gar nicht in der Lage sind, überhaupt zu den entscheidenden Grenzen zu gelangen. Auch wenn das weder von offiziellen Stellen noch von der Bevölkerung in dieser Form offen ausgesprochen wird, wird heute vielfach als quasi natürliche Tatsache wahrgenommen, dass der Schutz der europäischen Grenzen auch mit dem Verlust zehntausender Menschenleben erfolgen darf bzw. soll.

In Bezug auf Migrationsmanagement hängen alle vier beschriebenen Figuren im Kontext des Arbeitsmarkts zusammen: Die Forderung nach der gezielten Anwerbung von (hoch-)qualifizierten MigrantInnen geht Hand in Hand mit der Begrenzung unerwünschter Migration unter gleichzeitiger Ausbeutung prekär oder illegalisiert aufhältiger Arbeitskräfte. Gleichzeitig verspricht die heute dominante Perspektive des Migrationsmanagements einen ‚triple-win‘ für alle Beteiligten. Das polemisch formulierte Modell geht von Gewinnen für das Anwerbeland, das Herkunftsland und auch die MigrantInnen selbst aus. Wie wird dieses Versprechen eingelöst, wenn wir die beschriebenen vier Figuren betrachten? Die Anwerbeländer profitieren jedenfalls von Migration, können sie doch genau die gewünschten Arbeitskräfte anwerben und andere abschieben – beides nicht immer erfolgreich, dennoch können zahlreiche Möglichkeiten ausgeschöpft werden.

Die Herkunftsländer von Hochqualifizierten haben hingegen mit dem Verlust der Bildungsinvestitionen in qualifizierte Arbeitskräfte zu kämpfen, die ihr produktives (und steuerzahlendes) Dasein in einem anderen Land verbringen (‚Brain Drain‘). Bei Saisoniers und Care-ArbeiterInnen kann angenommen werden, dass die Herkunftsländer zwar einen wirtschaftlichen Vorteil von ihrer im Ausland besser bezahlten Tätigkeit haben, zum Beispiel durch Remittances, gleichzeitig verlieren sie wichtige (unbezahlte) Arbeitskräfte (‚Care Drain‘). Die Herkunftsländer können daher als Verlierer eingestuft werden. Die Migrierenden selbst können zwar ein individuell angestrebtes Flucht- oder Migrationsprojekt verwirklichen, zahlen dafür aber häufig einen hohen Preis, da ihre Lebensbedingungen von den Bestimmungen der Aufnahmeländer geprägt sind, die ihre Qualifikationen nicht anerkennen und lediglich eine Beschäftigung in niederqualifizierten Sektoren zulassen (‚Brain Waste‘). Statt von einem ‚triple-win‘ kann daher von einer ‚win-lose-draw'-Situation gesprochen werden. Damit kann gezeigt werden, dass der vermeintliche ‚triple-win' des Migrationsmanagements von jeher auf die Gewinne der Industriestaaten ausgerichtet war.

Als Erfolg des Migrationsmanagements kann gesehen werden, dass auf politischer Ebene eine gewisse Akzeptanz von Migration dann besteht, wenn die Migration als ökonomisch nützlich beschrieben wird (Georgi 2016: 486). Dabei ist besonders ironisch, dass sowohl die Wahrnehmung von Migration als potenziell positiv als auch der Druck, sich zu integrieren, an (frühere) Forderungen von MigrantInnen selbst anknüpft: Wenn heute von der verpflichtenden Erreichung bestimmter Deutschniveaus die Rede ist, wird häufig vergessen, dass es in der Vergangenheit durchaus eine Forderung von MigrantInnen selbst war, Deutsch lernen zu können. Ähnlich verhält es sich mit Integrationsdebatten, denn ursprünglich haben MigrantInnen selbst Teilhabe als Voraussetzung für Integration definiert und gefordert – im Unterschied zur heute dominanten Perspektive, die Integrationsleistungen der MigrantInnen als Voraussetzung für ihre Teilhabe darstellt. Gleichzeitig darf die Sichtweise auf Migration als positive Kraft nicht mit der Sichtweise, dass MigrantInnen vor allem ökonomisch nützliche Subjekte sind, gleichgesetzt werden: „Die Instrumentalisierung von MigrantInnen unter ökonomischer Verwertungsperspektive bewirkt, dass sie ihre Anwesenheit durch gesellschaftliche Erträge legitimieren müssen" (Mecheril et al. 2013: 31).

Wenn das Paradigma des Migrationsmanagements heute hegemonial scheint und auch die Flüchtlingspolitik gut in Einklang mit ökonomischen Rationalen gebracht werden kann, so geschieht dies aus unterschiedlichen politischen Motiven, die jedoch allesamt die Zielvorstellungen neoliberaler Politiken bedienen. Individueller Widerstand oder Ansätze der Subversion des Migrationsmanagements wurden und werden marginalisiert. Migrierende dürfen dennoch nicht als hilflose Opfer der Umstände verstanden werden, wie Versuche der Selbstorganisation und Interessenvertretungen, etwa für Saisonarbeitskräfte, zeigen. So wie die ‚GastarbeiterInnen' vor ihnen können auch heutige MigrantInnen und Geflüchtete auf (private) Netzwerke, Grauzonen in der Auslegung von rechtlichen Regelungen und die Tatsache zählen, dass letztlich keine Grenze absolut unüberwindbar ist.

1 Wichtig ist festzuhalten, dass die Begriffe ‚Fremdarbeiter' und ‚Gastarbeiter' bereits im NS-Regime Verwendung fanden (Bakondy 2010a: 78).

2 Obwohl viele Frauen als ‚GastarbeiterInnen' tätig waren und eine höhere Erwerbsarbeitsquote als hiesige Frauen hatten, ist ‚Gastarbeit' im kollektiven Gedächtnis vor allem männlich konnotiert. Dies kann damit erklärt werden, dass ‚GastarbeiterInnen', die zum Teil selbstständig, unverheiratet oder auch ohne ihre Männer nach Österreich kamen, um zu arbeiten, schlicht nicht wahrgenommen wurden (vgl. Koch/Ratković/Saringer/Schöffmann 2013). Zum anderen ist dieses Bild durch den fehlenden Fokus in der Forschung begründet, denn die Situation der ‚GastarbeiterInnen' wurde erst in den letzten Jahren untersucht und in die Erinnerungskultur eingeschrieben.

3 Allerdings ist nicht die Mobilität aller EU-BürgerInnen gleich erwünscht oder gar gefördert: So bestehen massive und zum Teil deutlich rassistische Widerstände gegen die Mobilität von ökonomisch schwachen Personen innerhalb der EU, die 2010 in der Deportation von bulgarischen Roma durch die französische Regierung gipfelten.

Literatur

Arbeitsmarktservice Österreich (2015): Pressekonferenz – Asylberechtigte auf Jobsuche. Kompetenzcheck-Ergebnisse, http://www.ams.at/ueber-ams/medien/ams-oesterreich-news/asylberechtigte-auf-jobsuche, 7.9.2016.

Ataç, Ilker/Kraler, Albert (2006): Gewünschte, Geduldete und Unerwünschte Klassifizieren, Selektieren, Stratifizieren. Migrationspolitik als Strategie des Filterns. In: malmoe (33), 25–26.

Bachinger, Almut (2010): 24-Stunden-Betreuung – Gelungenes Legalisierungsprojekt oder prekäre Arbeitsmarktintegration? In: SWS-Rundschau 50(4), 399-412.

Bakondy, Vida (2010a): „Bitte um 4 bis 5 türkische Maurer. Eine Analyse von Anwerbeakten der österreichischen Wirtschaftskammer". In: Initiative Minderheiten (Hg.), Viel Glück! Migration heute. Wien: Mandelbaum, 68-79.

Bakondy, Vida (2010b): „Benachteiligung hat Struktur und Geschichte. Dequalifizierung von Migrant/innen in Österreich". In: Initiative Minderheiten (Hg.), Viel Glück! Migration heute. Wien: Mandelbaum, 388-395.

Bigo, Didier (2002): Security and immigration: Toward a critique of the governmentality of unease. In: Alternatives: Global, Local, Political 27(1), 63-92. https://doi.org/10.1177/03043754020270S105

Bojadžijev, Manuela (2012): Die windige Internationale. Rassismus und Kämpfe der Migration. Münster: Westfälisches Dampfboot.

Bundesministerium für Arbeit, Soziales und Konsumentenschutz und Bundesministerium für Inneres (2016): Formen der Zuwanderung: Dauerhafte Zuwanderung, Besonders Hochqualifizierte, http://www.migration.gv.at/

IRENE MESSINGER, VIKTORIJA RATKOVIĆ

de/formen-der-zuwanderung/dauerhafte-zuwanderung-rot-weiss-rot-karte/besonders-hochqualifizierte.html, 7.9.2016.

Bundesministerium für Arbeit, Soziales und Konsumentenschutz und Bundesministerium für Inneres (2016): Saisoniers, http://www.migration.gv.at/de/formen-der-zuwanderung/befristete-beschaeftigung/saisoniers/, 7.9.2016.

Bundesministerium für Inneres (2016a): Rot-Weiß-Rot Karte Antrag, https://www.help.gv.at/Portal.Node/hlpd/public/content/12/Seite.120308.html, 7.9.2016.

Bundesministerium für Inneres (2016b): Anfragebeantwortung 7326/AB vom 11.03.2016 zu 7609/J, https://www.parlament.gv.at/PAKT/VHG/XXV/AB/AB_07326/imfname_515651.pdf, 7.9.2016.

Buckel, Sonja (2012): ‚Managing Migration' – Eine intersektionale Kapitalismusanalyse am Beispiel der Europäischen Migrationspolitik. In: Berliner Journal für Soziologie 22(1), 79-100. https://doi.org/10.1007/s11609-012-0179-y

Castles, Stephen (2005): Warum Migrationspolitiken scheitern. In: Peripherie 25(97/98), 10-34.

EU-Rat (2009): Richtlinie 2009/50/EG über die Bedingungen für die Einreise und den Aufenthalt von Drittstaatsangehörigen zur Ausübung einer hochqualifizierten Beschäftigung, http://eur-lex.europa.eu/LexUriServ/LexUriServ.do?uri=OJ:L:2009:155:0017:0029:DE:PDF, 7.9.2016.

European Commission (2016): An Economic Take on the Refugee Crisis, European Commission, Institutional Paper 033, http://ec.europa.eu/economy_finance/publications/eeip/pdf/ip033_en.pdf, 04.10.2016.

European Commission (2016): Refugee crisis: Commission reviews 2015 actions and sets 2016 priorities, http://europa.eu/rapid/press-release_IP-16-65_en.htm, 04.10.2016.

Foucault, Michel (2004): Geschichte der Gouvernementalität I. Sicherheit, Territorium, Bevölkerung. Vorlesung am Collège de France 1977–1978. Frankfurt am Main: Suhrkamp.

Geiger, Martin/Pécoud, Antoine (Hg., 2010): The Politics of International Migration Management: Migration, Minorities and Citizenship. New York: Palgrave Macmillan.

Georgi, Fabian (2016): Zur politischen Ökonomie von Migrationsregimen. Die Geschichte der Internationalen Organisation für Migration (IOM) 1951–2015. Unveröffentlichte Dissertation, Berlin.

Ghosh, Bimal (Hg., 2000): Managing migration. Time for a new international regime? Oxford: Oxford University Press.

Grubner, Barbara (2009): Frauenmigration und Gewalt. Überlegungen zu transnationalen Arbeits- und Gewaltverhältnissen im Privathaushalt. In: Isop, Utta/Ratković, Viktorija/Wintersteiner, Werner (Hg.): Spielregeln der Gewalt. Kulturwissenschaftliche Beiträge zur Friedens- und Geschlechterforschung. Bielefeld: Transcript, 185-206. https://doi.org/10.14361/9783839411759-012

Gutiérrez Rodríguez, Encarnación (2010): Migration, Domestic Work and Affect. A Decolonial Approach on Value and the Feminization of Labor. New York: Routledge.

Hess, Sabine/Heimeshoff, Lisa-Marie/Kron, Stefanie/Schwenken, Helen/Trzeciak, Miriam (2014): „Einleitung". In: Hess, Sabine/Heimeshoff, Lisa-Marie/Kron, Stefanie/Schwenken, Helen/Trzeciak, Miriam (Hg.): Grenzregime II. Migration – Kontrolle – Wissen. Transnationale Perspektiven. Berlin: Assoziation, 9-39.

Horvath, Kenneth (2014): Securitisation, economisation and the political constitution of temporary migration: the making of the Austrian seasonal workers scheme. In: Migration Letters 11(2), 154-170.

Huysmans, Jef (2000): The European Union and the Securitization of Migration. In: JCMS. J Common Market Studies 38(5), 751-777. https://doi.org/10.1111/1468-5965.00263

Karakayali, Serhat (2008): Gespenster der Migration. Zur Genealogie illegaler Einwanderung in der Bundesrepublik Deutschland. Bielefeld: Transcript. https://doi.org/10.14361/9783839408957

Karakayali, Serhat/Tsianos, Vassilis (2005): Mapping the Order of New Migration. Undokumentierte Arbeit und die Autonomie der Migration. In: Peripherie 25(97/98), 35-64.

Koch, Elisabeth/Ratković, Viktorija/Saringer, Manuela/Schöffmann, Rosemarie (Hg., 2013): „Gastarbeiterinnen" in Kärnten. Arbeitsmigration in Medien und persönlichen Erinnerungen. Klagenfurt/Celovec: Drava.

Kretschmann, Andrea/Pilgram, Arno (2011): Verrechtlichung des transnationalen Pflegearbeitsmarkts. Die Versteinerung sozialer Ungleichheit. In: Dahlvik, Julia/Fassmann, Heinz/Sievers, Wiebke (Hg.): Migration und Integration – wissenschaftliche Perspektiven aus Österreich. Jahrbuch 2011. Göttingen: V&R unipress, 107-124.

Matouschek, Bernd (1997): Soziodiskursive Analyse öffentlicher Migrationsdebatten in Österreich. In: Jung, Matthias/Wengeler. Martin/Böke, Karin (Hg.): Die Sprache des Migrationsdiskurses. Das Reden über „Ausländer" in Medien, Politik und Alltag. Opladen: Westdt. Verlag, 106-120.

Mayer, Stefanie (2010): Rotation, Integration, and Social Exclusion. Discourse and Change in/of Migration Policies in Austria. In: Roth, Klaus/Hayden, Robert (Hg.): Migration in, from, and to Southeastern Europe. Ethnologia Balcanica 13, 129-146.

Mecheril, Paul/Thomas-Olalde, Oscar/Melter, Claus/Arens, Susanne/Romaner, Elisabeth (2013): Migrationsforschung als Kritik? Erkundungen eines epistemischen Anliegens in 57 Schritten. In: Mecheril, Paul/Thomas-Olalde, Oscar/Melter, Claus/Arens, Susanne/Romaner, Elisabeth (Hg.): Migrationsforschung als Kritik? Spielräume kritischer Migrationsforschung. Wiesbaden: Springer, 7-55.

IRENE MESSINGER, VIKTORIJA RATKOVIĆ

Mezzadra, Sandro/Neilson, Brett (2013): Border as Method, or, the Multiplication of Labor. Durham: Duke University Press. https://doi.org/10.1215/9780822377542

Purtschert, Patricia/Meyer, Katrin (2008): Migrationsmanagement und die Sicherheit der Bevölkerung. In: Purtschert, Patricia/Meyer, Katrin/Winter, Yves (Hg.): Gouvernementalität und Sicherheit. Zeitdiagnostische Beiträge im Anschluss an Foucault. Bielefeld: Transcript, 149-172. https://doi.org/10.14361/9783839406311

Ratfisch, Philipp (2015): Zwischen nützlichen und bedrohlichen Subjekten. Figuren der Migration im europäischen ‚Migrationsmanagement' am Beispiel des Stockholmer Programms. In: movements. Journal für kritische Migrations- und Grenzregimeforschung 1 (1), 1-21.

Scheibelhofer, Paul (2012): Arbeiter, Kriminelle, Patriarchen. Migrationspolitik und die Konstruktion „fremder" Männlichkeit. In: Brandl, Ulrike/Hausbacher, Eva/Klaus, Elisabeth/Poole, Ralph/Schmutzhart, Ingrid (Hg.): Kann die Migrantin sprechen? Migration und Geschlechterverhältnisse. Wiesbaden: VS Verlag, 62-82. https://doi.org/10.1007/978-3-531-93189-0_4

Schumacher, Sebastian/Peyrl, Johannes (2006): Fremdenrecht. Asyl – Ausländerbeschäftigung – Einbürgerung – Einwanderung – Verwaltungsverfahren. Wien: ÖGB-Verlag.

Sezonieri-Kampagne für die Rechte von Erntehelfer_innen in Österreich & Europäisches BürgerInnenforum (Hg., 2016): Willkommen bei der Erdbeerernte! Ihr Mindestlohn beträgt… Wien: Eigenverlag.

Stern, Joachim (2010): Willkür, Verrechtlichung, Erosion durch Hyperregulierung. Eine migrationsrechtliche Fieberkurve. In: Initiative Minderheiten (Hg.): Viel Glück! Migration heute. Wien: Mandelbaum, 198-203.

Österreichische Nationalbank (2015): Sondereffekte stützen Konjunktur zum Jahreswechsel. https://www.oenb.at/Presse/Pressearchiv/2015/20151112.html, 28.10.2016.

WKÖ Presseabteilung (2015): Selbständige PflegerInnen wichtig zur Aufrechterhaltung des heimischen Pflegewesens. https://www.wko.at/Content.Node/branchen/oe/News--Publikationen/Selbstaendige-PflegerInnen-wichtig-zur-Aufrechterhaltung-de.html

ABSTRACT *This paper deals with the shift in migration policy from migration control to migration management in Austria. Using the Austrian history of human migration as a case study, starting with the phase of guest work in the 1960s, the article will examine the evolution and establishment of the paradigm of migration management and its repercussions on typical types of migrants. It will analyse EU models of regulating the desirable immigration of highly-skilled labour through the Blue Card system, the casualisation of seasonal and care work, and the diverse forms of subversion in the past and in the present day post guest work regime. This analysis will be extended to the current understanding of refugees, showing that they, likewise, are subjected to a rationale of economic utility.*

Irene Messinger
Institut für Internationale Entwicklung, Universität Wien
irene.messinger@univie.ac.at

Viktorija Ratković
Zentrum für Friedensforschung und Friedensbildung,
Alpen-Adria-Universität Klagenfurt
viktorija.ratkovic@aau.at

Journal für Entwicklungspolitik XXXIII 1-2017, S. 47–74

Gerd Valchars

„...was wir uns von einem Zuwanderer erwarten" – Die österreichische Staatsbürgerschaftspolitik als Migrationsmanagement

Abstract *Der Artikel fokussiert auf Staatsbürgerschaft als zentrale Kategorie politischer Ordnung und als politisch-rechtliches Instrument staatlicher Inklusion und Exklusion. Staatsbürgerschaftspolitik wird als Politikfeld verstanden, das auf die Beeinflussung von Migration abzielt und als Teil des staatlichen Migrationsmanagements zunehmend auch dessen Logiken des Ein- und Ausschlusses unterworfen wird. Als ideologisch hochumkämpftes Terrain bleibt das Politikfeld gleichzeitig jedoch auch Spielwiese symbolischer Politik. Der Artikel untersucht dieses Verhältnis am Beispiel Österreichs, analysiert die aktuelle Rechtslage sowie die parlamentarischen Debatten um die letzten beiden Gesetzesnovellen 2005/06 und 2013 und verortet die nationale Politik im europäischen Kontext.*

Keywords *Migrationsmanagement, Migrationspolitik, Staatsbürgerschaft, Einbürgerung, Österreich*

1. Staatsbürgerschaftspolitik als Migrationspolitik

Migrationspolitik „beinhaltet politische Maßnahmen, die auf die Mobilität von Menschen über die Nationalstaaten hinaus abzielen" (Ataç 2011: 235). Migrationspolitik wird zumeist als ein übergreifendes Politikfeld verstanden, als eine „kompilierte Policy" einer Vielzahl von Themenbereichen und Rechtsgebieten (Schneider 2009: 121), durch die staatlicherseits versucht wird, Zuwanderung, Aufenthalt und Niederlassung, soziale und rechtliche Inklusion und Exklusion sowie (selten) Auswanderung direkt zu steuern. Migrationspolitik bedient sich dabei der Mittel des Rechts und der Verwaltung und beruft sich in der Regel auf ordnungs- und sozialpolitische Notwendigkeiten (Bauböck/Perchinig 2006: 726). Ein etwas genauerer Blick lässt eine Differenzierung in eine ‚immigration‘ und eine ‚immigrant policy‘ als zwei miteinander verschränkte, aber doch unterschiedliche Politikbereiche zu (Hammar 1985).[1] Während Erstere auf die Kontrolle und Steuerung der Zuwanderung selbst abzielt, indem sie die Bedingungen von legaler Einreise und legalem Aufenthalt definiert, beschäftigt sich Letztere mit der Frage der gesellschaftlichen Inklusion nach der erfolgten Migration (Joppke 1998: 8; Borkert/Pennix 2011: 14f). Sie definiert die Bedingungen, unter denen ökonomische, gesellschaftliche und politische Teilhabe von MigrantInnen und deren Kindern staatlich zugelassen und ermöglicht wird.

Das Politikfeld der Staatsbürgerschaftspolitik wird üblicherweise nicht zum Kernbereich der Migrationspolitik gezählt, so wie das Rechts- gebiet auch nicht zum sogenannten Fremdenrecht zählt, sondern als getrennte Materie des Verwaltungsrechts firmiert. Mit den Bedingungen für den Erwerb (und Verlust) der Staatsbürgerschaft regelt es allerdings den Übergang von staatlichen Angeboten der Teilinklusion, beschränkt auf unterschiedliche gesellschaftliche Sphären und Subfelder (Arbeit, Bildung, soziale Absicherung etc.), hin zur Vollinklusion. Mit der recht- lichen Regelung, wer sich im Sinne der „internen Exklusion“ (Mackert 1998) mit bloßen Teilinklusionen (Ataç/Rosenberger 2013) zufriedengeben muss, und wem unter welchen Bedingungen andererseits Vollinklusion angeboten wird, agiert Staatsbürgerschaftspolitik jedoch unbestreitbar im Feld der ‚immigrant policy‘.

Migrationsmanagement wird als ein allumfassender Ansatz beschrieben, der sich nicht nur auf die verschiedenen Formen der Migra- tion bezieht und diese in ihren unterschiedlichen Facetten erfasst, sondern sich auch in verschiedenen Politikfeldern unterschiedlicher Instrumente, Maßnahmen und Programme bedient, die von staatlichen wie nichtstaatli- chen, nationalen, supra- und internationalen Akteuren ein- oder umgesetzt werden (Geiger/Pécoud 2010b: 2f; Ghosh 2005). Als Folge der Anwendung von Migrationsmanagement mit seinem ganzheitlichen Ansatz und expan- siven Charakter werden zunehmend neue Politikfelder als Handlungs- räume in seinem Sinne entdeckt, wodurch die analytische Trennung der

GERD VALCHARS

beiden Politikbereiche der ‚immigration' und der ‚immigrant policy' mehr und mehr verwischt. Regierungshandeln, so die hier vertretene Annahme, ist zunehmend von der Idee beseelt, ‚immigration policy' in Form von ‚immigrant policy' zu betreiben. Es wird also versucht, Zuwanderung nicht nur mit den ‚harten' Instrumenten von Grenzkontrolle und Aufenthaltsbewilligung zu steuern, sondern durch strategisch gesetzte, selektive Inklusionsofferte an bestimmte bevorzugte Personengruppen entsprechend den eigenen Interessen, Präferenzen und Notwendigkeiten zu ‚managen'. Gesetzliche Regelungen, staatliche Programme und Maßnahmen zur selektiven gesellschaftlichen Inklusion der gegenwärtigen migrantischen Bevölkerung sollen als ‚Signal' für mögliche zukünftige MigrantInnen antizipative Wirkung entfalten. Wie im Folgenden gezeigt werden soll, kann die österreichische Staatsbürgerschaftspolitik spätestens seit Mitte der 1990er Jahre dafür als ein Beispiel gesehen werden.

2. Staatsbürgerschaftspolitik als Migrationsmanagement

Bereits für die 1980er und 1990er Jahre haben Analysen des österreichischen Staatsbürgerschaftsrechts seinen restriktiven Charakter (Thienel 1990; Çinar 1994a; Davy/Çinar 2001; Weil 2001; Bauböck/Çinar 2001) und für die ihr zugrundeliegende Staatsbürgerschaftspolitik das Motiv des Ausschlusses eindeutig herausgearbeitet (Çinar 1994b; Bauböck 1999). Im europäischen Vergleich wurden für Österreich „restriktive einbürgerungspolitische Vorschriften" und „„integrationsfeindliche' Werte" (Çinar et al. 1995) festgestellt, die österreichische Rechtsordnung und Praxis analytisch dem Typus des exkludierenden Modells (Castles 1994: 21ff) zugeordnet und die Staatsbürgerschaftspolitik als „historically restrictive" (Howard 2009: 19ff) charakterisiert.

Diese Analyse bleibt auch für die Jahre nach der Jahrtausendwende gültig. Die Reformen des Staatsbürgerschaftsgesetzes der folgenden Jahre (1998, 2005/06, 2009 und 2011, mit der Ausnahme 2013) waren im Wesentlichen vom Bestreben getragen, den Zugang zur Einbürgerung weiter zu beschränken (Çinar 2010) bzw. bestehende Einbürgerungsvoraussetzungen zu erhöhen und durch neue zu ergänzen (Çinar/Waldrauch 2006; Reichel 2011; Stern/Valchars 2013a; Valchars 2013). Insbesondere die neu eingeführten und/oder schrittweise verschärften Kriterien Einkommen (Stern 2012; Stadlmair 2014), Unbescholtenheit (Stern 2012), Deutschkenntnisse (Kraler 2011: 45ff), die verpflichtende positive Absolvierung eines Wissenstests (Perchinig 2010; Berger 2011; Stangl 2012) und prohibitiv hohe Einbürgerungsgebühren (Stern/Valchars 2013b) fungieren dabei als ausschließende Einbürgerungshindernisse (Valchars 2006). Für den europäischen Vergleich gilt daher nach der Jahrtausendwende, was zuvor bereits galt: Österreich findet sich in Bezug auf den originären und derivativen Erwerb regelmäßig am restriktiven Ende des Vergleichsspektrums (Waldrauch 2001; Bauböck/Perchinig 2006; Dumbrava 2010; Vink/de Groot 2010b; Karasz 2013; EUDO Observatory on Citizenship 2015) mit zunehmender Entfernung vom europäischen Durchschnitt (Huddleston et al. 2011, 2015).

An dieser Stelle soll keine weitere Analyse des Restriktivismus der österreichischen Staatsbürgerschaftspolitik erfolgen, der durch die umfassende einschlägige Literatur bereits wohl dokumentiert und belegt ist. Konkretes Vorhaben soll es hingegen sein, die spezifischen Berührungspunkte der österreichischen Staatsbürgerschaftspolitik mit dem Konzept des Migrationsmanagements aufzuzeigen und Staatsbürgerschaftspolitik als (ein weiteres) Instrument eines als umfassend verstandenen Migrationsmanagements zu analysieren. Die kritischen Beiträge zur Analyse des Migrationsmanagements nehmen Staatsbürgerschaftspolitik bisher kaum oder nur am Rand in den Blick; die Literatur fokussiert stark auf die selektive Öffnung von Zuwanderungskanälen, die Klassifikation von MigrantInnen nach unterschiedlichen Einwanderungskategorien und deren unterschiedliche Ausstattung mit Rechten (Geiger/Pécoud 2010a, 2012). Der Zugang zur Staatsbürgerschaft, der als „allumfassender Rechtsstatus" (Kotalakidis 2000: 49) rechtliche und politische Vollinklusion garantiert, bleibt jedoch aus dieser Perspektive häufig unbeachtet.

Die Erwerbs- und Verlustregelungen im Staatsbürgerschaftsgesetz sind die zur rechtlichen Norm geronnenen staatlichen Inklusionsofferte zur Vollinklusion. Die konkreten gesetzlichen Bestimmungen sind dabei in der Regel das Ergebnis eines mehrere Monate andauernden, nicht in allen Phasen öffentlichen vorparlamentarischen und parlamentarischen Gesetzgebungsprozesses mit verschiedenen AkteurInnen, die mitunter unterschiedliche bis widersprüchliche Interessen, Motive und Notwendigkeiten einbringen und berücksichtigt sehen wollen; der verbindliche gesetzgeberische Beschluss im Parlament am Ende dieses Prozesses stellt einen in Bezug auf Regelungsziel und Formulierung ideologischen, intra- und interministeriellen wie koalitionären (fall- und teilweise auch die parlamentarische Opposition einschließenden) Kompromiss dar (Biegel-bauer/Grießler 2009; Tálos/Kittel 2001). Hintergründe und Motive für einzelne Bestimmungen lassen sich daher nicht einfach aus den vorlie-genden Gesetzestexten eindeutig herauslesen. Medienberichterstattung, Vorblatt und Erläuterungen der Regierungsvorlagen, Ausschussberichte und insbesondere die öffentliche parlamentarische Auseinandersetzung im Plenum vermitteln in der Regel jedoch ein umfassendes Bild über die grundlegenden handlungsleitenden Motive und intendierten Ziele eines Gesetzesvorhabens.

2.1 ‚regulated openness‘

Für die österreichische Staatsbürgerschaftspolitik kann festgestellt werden, dass staats- und demokratietheoretische Notwendigkeiten in den handlungsleitenden Motiven keine Erwähnung finden; Novellen und Reformen werden überwiegend oder ausschließlich mit migrationspoliti-schen Interessen begründet. Damit können am Staatsbürgerschaftsrecht Zuwanderungspräferenzen abgelesen werden. Intention ist es, entspre-chend der Logik des Migrationsmanagements (de Jong et al. 2017, im vorliegenden Heft) auch mit Hilfe des Staatsbürgerschaftsgesetzes die Attraktivität Österreichs für bestimmte, nach (ökonomischen) Nützlich-keitserwägungen definierte Personengruppen als Zielland ihres Migra-tionsprojekts zu steigern und gleichzeitig die Zuwanderung für andere weniger attraktiv erscheinen zu lassen.

Die letzte Novelle des österreichischen Staatsbürgerschaftsgesetzes erfolgte 2013[2]. Das Projekt der regierenden Koalition aus sozialdemokra-tischer SPÖ und bürgerlich-konservativer Volkspartei ÖVP erfolgte unter der politischen Federführung von Sebastian Kurz (ÖVP), zu diesem Zeit-punkt Staatssekretär im Bundesministerium für Inneres. In der parlamen-tarischen Debatte im Plenum des Nationalrats meldete er sich zu Wort und legte das dem Gesetz zugrundeliegende Motiv dar: „[D]ie Staatsbürger-schaftsverleihung gibt uns die Chance, zu zeigen, was wir uns von einem Zuwanderer erwarten.“[3]

Beachtenswert ist, dass der Staatssekretär in dieser Debatte um die Kriterien für die Einbürgerung auf die Erwartungen Österreichs gegenüber „Zuwanderern" Bezug nahm und nicht etwa (wie allerdings ebenfalls häufig artikuliert) gegenüber „zukünftigen Staatsbürger[Innen]". Die Einbürgerungschancen und -möglichkeiten der gegenwärtigen nichtösterreichischen Bevölkerung werden also als Möglichkeit zur Beeinflussung zukünftiger Migration nach Österreich gesehen. Das Staatsbürgerschaftsgesetz wird damit neben der „kriteriengeleiteten Zuwanderung" nach einem Punktesystem, wie sie 2011 durch die sogenannte ‚Rot-Weiß-Rot-Karte' eingeführt wurde (Messinger/Ratković 2017, im vorliegenden Heft)[4], als ein Puzzlestein eines als umfassend verstandenen Migrationsmanagements angesehen.

Der Versuch der selektiven Öffnung als Mittelweg zwischen offenen und geschlossenen Grenzen gilt im Migrationsmanagement als zentral zur Herstellung einer „geordneten, vorhersehbaren und produktiven" Zuwanderung (Ghosh 2005: 10) und wird als „regulated openness" bezeichnet (Ghosh 2012: 27f; Geiger/Pécoud 2010b: 3). In die österreichische Staatsbürgerschaftspolitik hat das Prinzip nicht erst 2013 Eingang gefunden. Es wird bereits seit Längerem von politischer Seite als tragendes Prinzip dieses Politikfelds vorgestellt und – allerdings regelmäßig im Verlauf der letzten Jahre – als besonders neuartig und innovativ hervorgehoben. Bereits acht Jahre zuvor, in der vorangegangenen Novelle des Staatsbürgerschaftsgesetzes 2005/06[5] unter der rechtskonservativen Koalition aus ÖVP und dem rechtspopulistischen Bündnis Zukunft Österreich (BZÖ) wurde argumentiert, dass das Motiv der Auswahl sowie die explizite Verbindung von Staatsbürgerschaft und Zuwanderung von der Regierung legitim und notwendig seien.

„Meine sehr geehrten Damen und Herren, ich verstehe wirklich nicht, was unmenschlich daran sein soll, wenn ein Land wie Österreich Bedingungen für eine Vollmitgliedschaft erarbeitet – und nichts anderes als das ist eine Staatsbürgerschaft. Was ich auch nicht verstehen kann, ist, was so unglaublich sein soll in einem Staat wie Österreich, wenn wir uns unsere Staatsbürger aussuchen. […] Österreich hat in der Vergangenheit leider Gottes vielfach eine falsche Zuwanderungspolitik betrieben. Sehr viele Menschen sind in unser Land gekommen, die leider Gottes teilweise von ihrer Ausbildung her in Österreich lediglich

Hilfsarbeitertätigkeiten verrichten konnten. Außerdem sind nach Österreich oft Menschen gekommen – und auch hier geblieben –, die zwar in unser Land kommen wollten, die Österreich aber in Wirklichkeit nicht gebraucht hätte" (Karin Gastinger, BZÖ, Bundesministerin für Justiz).[6]

Anders als die Regierungsbestrebungen der 1990er Jahre, durch Verschärfungen der Einbürgerungskriterien das Recht auf Familiennachzug (das an den Besitz der Staatsbürgerschaft gebunden war) einzuschränken und so indirekt ebenfalls Migrationspolitik zu betreiben und Zuwanderung zu kontrollieren (Çınar 2010: 24), werden hier Staatsbürgerschaftspolitik und migrationspolitische Überlegungen unmittelbarer miteinander in Beziehung gebracht. Gleichzeitig ist die Verknüpfung jedoch auch eine deutlich losere: Durch das Hinaufschrauben der Einbürgerungsbedingungen werden hier schließlich keine Einwanderungsoptionen unterbunden. Die Überlegung hingegen ist vielmehr, durch selektive Einbürgerungsofferte zu einer Selbstselektion möglicher MigrantInnen entsprechend der staatlichen Präferenzen beizutragen. Damit wird es auch möglich, durch diese Form der ‚regulated openness' UnionsbürgerInnen zu erfassen, deren Aufenthalt und Niederlassung sich der unmittelbaren Regulierung durch präferenzgeleitete Einwanderungskriterien aufgrund der europäischen Freizügigkeitsrechte ja entzieht.

Migrationsmanagement verspreche, so die bekannte Rhetorik internationaler AkteurInnen zur Legitimierung und Verbreitung des Konzepts, einen ‚triple-win' und sei zum Vorteil aller Beteiligten (Geiger/Pécoud 2010a; Kalm 2010: 34f). Auch diesbezüglich schließen sich die nationalen AkteurInnen der internationalen Rhetorik an, wenn sie im österreichischen Staatsbürgerschaftsrecht die Interessen und Bedürfnisse mehrerer Seiten erfüllt sehen wollen, wie die beiden Ministerinnen Liese Prokop (ÖVP) und Karin Gastinger (BZÖ) ausführen:

„Wir brauchen ein Gesetz, das – und das ist, glaube ich, bei diesem Gesetz der Fall – den Bedürfnissen der Fremden, die sich hier integrieren wollen, die Staatsbürger werden wollen, entspricht und auf der anderen Seite auch dem Bedürfnis der Österreicher gerecht wird" (Liese Prokop, ÖVP, Bundesministerin für Inneres).[7]

„Deshalb sehen wir das neue Staatsbürgerschaftsrecht, mit dem auch Wert auf Sprachkenntnisse gelegt wird, nicht nur im Interesse Österreichs, sondern auch im Interesse unserer Zuwanderer/innen" (Karin Gastinger, BZÖ, Bundesministerin für Justiz).[8]

2.2 Zuwanderungspräferenzen: gewöhnliche und begünstigte Einbürgerung

Woran konkret lassen sich nun Zuwanderungspräferenzen und Elemente des Migrationsmanagements am aktuellen österreichischen Staatsbürgerschaftsgesetz ablesen? Der Weg zur österreichischen Staatsbürgerschaft erfolgt entweder über die Geburt oder über eine Einbürgerung. In beiden Fällen können Aspekte des Migrationsmanagements erkannt werden. Davon bestehen manche schon seit geraumer Zeit, andere wurden erst mit der Novelle 2013 eingeführt; manche haben erst durch ihre sukzessive Verschärfung in den letzten Jahren deutlich an Relevanz gewonnen und wiederum andere wurden bisher lediglich als politische Vorhaben artikuliert und sind (noch) nicht Teil der Rechtsordnung.

Zunächst zur Einbürgerung. Auch diese kann wiederum nach unterschiedlichen Rechtsgründen differenziert betrachtet und in eine „gewöhnliche" und in Formen der erleichterten, begünstigten Einbürgerung unterschieden werden.

Als Voraussetzungen für eine „gewöhnliche" Einbürgerung in Österreich definiert das Staatsbürgerschaftsgesetz[9] aktuell neben einem langfristigen, mindestens zehnjährigen Aufenthalt rechtliche Unbescholtenheit und soziales Wohlverhalten, ein Mindesterwerbseinkommen, Deutschkenntnisse, die positive Absolvierung eines Wissenstests und die Rücklegung aller bisherigen Staatsangehörigkeiten (Stern/Valchars 2013a: 18ff; Valchars 2013).

Am ökonomischen Kriterium des Mindesterwerbseinkommens lässt sich sehr unverhohlen das Motiv der Auswahl und des Ausschlusses durch unterschiedliche Einbürgerungschancen und -möglichkeiten erkennen. Das Staatsbürgerschaftsgesetz spricht von der notwendigen Voraussetzung eines „hinreichend gesicherten Lebensunterhalts" (§ 10 Abs 1 Z 7 StbG 1985) „ohne Inanspruchnahme von Sozialhilfeleistungen" (§ 10 Abs 5 StbG 1985). Der konkrete Betrag kann derzeit mit rund EUR 1.100,– netto pro Monat beziffert werden (Stern 2012: 58), nachzuweisen für 36 Monate innerhalb der letzten sechs Jahre vor dem Einbürgerungsantrag. Die Höhe des Mindesterwerbseinkommens wird jährlich geringfügig nach oben angepasst und wurde darüber hinaus zuletzt 2009 deutlich hinaufgesetzt (Stadlmair 2014). Eine Verschuldensklausel, die im Gesetz 1965 eingefügt wurde und eine Ausnahme vom zwingenden Einkommenserfordernis vorsah, wenn kein eigenes Verschulden für eine soziale Notlage vorlag, wurde 2006 gestrichen (Stern 2012: 57; 63ff) und 2013 für chronisch Kranke und Menschen mit Behinderung nach einem Urteil des Verfassungsgerichtshofs (G 106/12-7, G 17/13-6, 01. März 2013) wiedereingeführt.

In Kombination mit hohen Einbürgerungsgebühren – je nach Bundesland, Rechtsgrund und Einkommen mitunter mehreren tausend Euro (Stern/Valchars 2013b: 8) – stellt das Einkommenserfordernis eine deutliche soziale Schranke bei der Einbürgerung dar. Ein erheblicher Teil der österreichischen Bevölkerung – StaatsbürgerInnen wie NichtstaatsbürgerInnen – könn(t)en diese Hürde nicht überspringen.[10] Verstärkt wird dieser Effekt zusätzlich durch die verlangten Deutschkenntnisse auf dem Niveau B1 und den erwähnten Wissenstest. Bei Letzterem werden Kenntnisse über die Geschichte und das politische System Österreichs, zu Geografie und Landschaft, regionalem Brauchtum und historischen Ereignissen abgefragt; die (Bundes- und Landes-)Lernunterlagen umfassen dabei zusammen mehr als 100 Seiten.

Die österreichische Migrationspolitik zielt auf die Zuwanderung junger, gut bis sehr gut ausgebildeter Personen ab. Selbsterklärtes Ziel eines „kriteriengeleiteten Zuwanderungssystems" ist es, „den Wirtschaftsstandort Österreich zu stärken", Zuwanderung entlang „sachlicher Parameter" entsprechend „dem österreichischen Bedarf" zu ermöglichen und dabei die „Auswirkungen auf den Arbeitsmarkt, die wirtschaftliche Leistungsfähigkeit der Volkswirtschaft, aber auch die zu erwartende Integrationsfähigkeit" zu berücksichtigen.[11] Für Drittstaatsangehörige sieht das angelegte Punktesystem ausschließlich für „hochqualifizierte" Personen, Schlüsselarbeitskräfte, Fachkräfte in Mangelberufen sowie jeweils deren Familienangehörige die Möglichkeit eines Aufenthaltsvisum vor (§ 12–12b Ausländerbeschäftigungsgesetz[12]). Die Einbürgerungskriterien Einkommen, Deutschkenntnisse und Wissenstest des Staatsbürgerschaftsgesetzes spiegeln diese Zuwanderungspräferenzen deutlich wider.

Noch deutlicher treten die Zuwanderungspräferenzen Österreichs im Bereich der begünstigten Einbürgerung zutage. So restriktiv die Kriterien für eine gewöhnliche Einbürgerung sein mögen, nahezu sämtliche Erfordernisse können entfallen, wenn die Verleihung der Staatsbürgerschaft „wegen der vom Fremden bereits erbrachten und von ihm noch zu erwartenden außerordentlichen Leistungen im besonderen Interesse der Republik liegt" (§ 10 Abs 6 StbG 1985). Weder Aufenthalt noch Erwerbseinkommen, weder Deutschkenntnisse noch die Absolvierung eines Wissenstests oder die Rücklegung der bisherigen Staatsangehörigkeiten sind in einem solchen Fall erforderlich. Einzig rechtliche Unbescholtenheit und eine „bejahende Einstellung zur Republik" bleiben Bedingung.

Diese Vorzugseinbürgerung im „besonderen Interesse der Republik" reicht lange zurück und fand sich in ähnlicher Form bereits im Staatsbürgerschaftsgesetz 1949[13]. Die Regelung, die in den Jahren nach 2009 aufgrund von Fällen politischer Korruption ins Zwielicht geriet und kurzfristig ausgesetzt wurde, zielt insbesondere auf die Einbürgerung von Personen aus den Bereichen Wissenschaft, Wirtschaft, Kultur und Sport ab. Ein anfänglich unter Verschluss gehaltener, unter öffentlichem Druck schließlich aber veröffentlichter „Kriterienkatalog" nennt diese Bereiche beispielhaft, schließt andere Tätigkeitsfelder aber explizit nicht aus.[14] Liegt eine Einbürgerung aufgrund „außerordentlicher Leistungen" in diesen Bereichen nicht im „besonderen", sondern lediglich „im Interesse der Republik", ist zumindest eine Verkürzung der Aufenthaltsfrist von zehn auf sechs Jahre (unter Beibehaltung der gewöhnlichen Einbürgerungserfordernisse) möglich (§ 11a Abs 4 Z 4 StbG 1985).

Mit dieser Art der Vorzugseinbürgerung zielt der Gesetzgeber auf hochqualifizierte Personen, insbesondere WissenschafterInnen mit „hohe[r] Reputation in der internationalen scientific community", SportlerInnen mit „sehr gute[n] Platzierungen bei nationalen oder internationalen Wettkämpfen" und „sofortiger Einsetzbarkeit in einem österreichischen Nationalteam", KünstlerInnen, die zur „Stärkung und Verbreitung des künstlerischen Renommees der Republik Österreich auf internationaler Ebene beitragen" sowie UnternehmerInnen, die „Arbeitsplätze am österreichischen Arbeitsmarkt in einem relevanten Ausmaß" schaffen oder sichern und „maßgebliche [...] Investitionen" vorzuweisen haben.[15] Durch eine Einbürgerung möchte er diese an Österreich binden und für die heimische Wirtschaft und das internationale Ansehen nutzbar machen. Eine Regelung, die im Übrigen einen deutlichen Gendergap aufweist: Von den 676 Einbürgerungen „im besonderen Interesse" der Republik zwischen 1983 und 2015 profitierten zu 72 Prozent Männer (Statistik Austria 2016a).

Ebenfalls auf den heimischen Arbeitsmarkt und dessen Bedürfnisse zielt eine weitere Regelung ab, die erst mit der letzten Novelle des Staatsbürgerschaftsgesetzes 2013 eingeführt wurde. Die Novelle brachte eine neue begünstigte Einbürgerungsmöglichkeit bei einer beruflichen Tätigkeit im Bildungs-, Sozial- oder Gesundheitsbereich. Wer in einem dieser Bereiche zumindest drei Jahre in Österreich gearbeitet hat, kann das Aufenthaltserfordernis von zehn auf sechs Jahre verkürzen (§ 11a Abs 6 StbG 1985).

Die Einführung dieser Bestimmung stellt tatsächlich eine Novität dar. Erstmals fließen arbeitsmarktpolitische Überlegungen unmittelbar in das Staatsbürgerschaftsrecht ein und schaffen eine starke Verknüpfung von erwünschter Zuwanderung und Einbürgerung. Insbesondere bei LehrerInnen, im Pflege- und im Gesundheitssystem herrscht ein deutlicher Mangel an Arbeitskräften in Österreich. KrankenpflegerIn gilt zudem auch als einer jener Mangelberufe, der zur „kriteriengeleiteten Zuwanderung" berechtigt.[16] Die Regelung geht damit noch einen deutlichen Schritt weiter als die oben erwähnte Einbürgerung im „besonderen Interesse der Republik" und der automatische Staatsbürgerschaftserwerb für HochschulprofessorInnen durch Dienstantritt (wie er bis 1995 und eingeschränkt auf Drittstaatsangehörige bis 2008 bestanden hatte; § 25 StbG 1985 idF BGBl. I Nr. 123/1998). Gleichzeitig muss freilich erwähnt werden, dass sich selbst die verkürzte Aufenthaltsfrist von sechs Jahren im internationalen europäischen Vergleich als nicht besonders kurz darstellt und für die gesuchten Arbeitskräfte, wenn überhaupt, wohl nur einen geringen Anreiz darstellt, wo doch eine ganze Reihe von Staaten gewöhnliche Aufenthaltsfristen von lediglich fünf Jahren ausweisen (Goodman 2010: 6f).

Zuwanderungspräferenzen anderer Art zeigen sich in einer Forderung, die bisher lediglich artikuliert, nicht allerdings umgesetzt wurde. Anerkannte Flüchtlinge haben nach der derzeitigen Rechtslage in Österreich ebenfalls die Möglichkeit, nach einem Aufenthalt von sechs Jahren (die Zeit des Asylverfahrens nicht eingerechnet) um eine Einbürgerung anzusuchen; die übrigen Voraussetzungen wie Einkommen, Deutschkenntnisse, Unbescholtenheit und Wissenstest bleiben uneingeschränkt bestehen (§ 11a Abs 4 StbG 1985).

Bereits bei der Novelle 2005/06 wurde von den damaligen Regierungsparteien die verkürzte Frist für Asylberechtigte problematisiert. Sie wurde durch die Novelle von zuvor vier auf sechs Jahre verlängert. Von einer generellen Streichung der Verkürzung wurde allerdings mit Hinweis auf Verpflichtungen aus der Genfer Flüchtlingskonvention – zum Teil durchaus mit Bedauern – abgesehen, wie die Erläuterungen zur Regierungsvorlage[17] sowie insbesondere das folgende Zitat darlegen:

> „Wir werden selbstverständlich auch nicht gegen die Genfer Konvention handeln (Beifall bei den Freiheitlichen sowie bei Abgeordneten der ÖVP), denn in einem demokratischen Rechtsstaat wäre es nicht angemessen, sich an internationale Vereinbarungen nicht zu halten. Deshalb müssen wir aber auch – ich tue das auch nicht gerne – bevorzugende Regelungen für Asylwerber hinnehmen. Bisher konnten Asylwerber bereits nach vier Jahren die Staatsbürgerschaft erlangen. – Wir haben das auf sechs Jahre ausgedehnt, müssen aber nach den Richtlinien der Genfer Konvention für Asylwerber begünstigende Bedingungen für die Erlangung der Staatsbürgerschaft schaffen; dem kommen wir nach. Wir haben keine Möglichkeit gesehen, das zu ändern [...]" (Abgeordnete Helene Partik-Pablé, Freiheitliche).[18]

Zehn Jahre später, im Frühjahr 2016 und am Höhepunkt der Fluchtbewegung Schutzsuchender nach Europa, sah dies Reinhold Lopatka, Klubobmann der christlich-konservativen ÖVP, anders. In einem medialen Vorstoß verlangte er die Verlängerung der Wartefrist für Flüchtlinge auf zehn Jahre. Die Forderung begründete er damit, dass eine „relativ leichte Einbürgerung für Flüchtlinge" das „falsche Signal" sei.[19] Anders jedoch als Forderungen, die soziale Absicherung und die Versorgung von AsylwerberInnen und Flüchtlingen zu reduzieren und den Familiennachzug weiter einzuschränken, die ebenfalls mit einer vermeintlichen Signalwirkung auf Flüchtlinge argumentiert und schließlich auch realisiert wurden, wurde diese Forderung (vorerst) nicht gesetzlich umgesetzt. Der politische Vorstoß eines führenden Vertreters einer Regierungspartei zeigt jedoch, dass das Motiv, Staatsbürgerschaftspolitik als Instrument zur Beeinflussung der Migration einzusetzen, auch im Bereich des Asylwesens Eingang in das politische Repertoire gefunden hat.

2.3 Erwerb bei Geburt

Beim Erwerb der Staatsbürgerschaft per Geburt orientiert sich Österreich am Abstammungsprinzip (*ius sangiunis*). Die österreichische Staatsbürgerschaft wird also über die Eltern auf ihre Kinder übertragen. Die Kinder nichtösterreichischer Eltern haben keine Möglichkeit, die Staatsbürgerschaft ihres Aufenthalts- und Geburtslandes unmittelbar bei ihrer Geburt zu erwerben. Ihnen steht lediglich der Erwerb per Einbürgerung – selbstständig oder gemeinsam mit ihren Eltern – offen; von einer verkürzten Wartefrist von sechs Jahren abgesehen im Wesentlichen unter denselben Bedingungen einer „gewöhnlichen Einbürgerung" wie oben skizziert. Regelmäßige Forderungen, dass unter bestimmten Bedingungen (beispielsweise bei Vorliegen eines qualifizierten Aufenthaltstitels und einer bestimmten Aufenthaltsdauer der Eltern) auch die Kinder nichtösterreichsicher Eltern automatisch per Geburt die österreichische Staatsbürgerschaft erwerben sollten (bedingtes *ius soli*), werden ebenso regelmäßig kategorisch und grundsätzlich abgelehnt (Bauböck/Perchinig 2006: 731).

Als dahinterliegender Grund für das Beharren auf *Ius-sanguinis*-Regeln ohne ergänzende *Ius-soli*-Elemente kann die Angst vor einem weiteren staatlichen Kontrollverlust vermutet werden. Die europäischen Staaten mussten in den letzten Jahren und Jahrzehnten deutliche Einschränkungen in der Möglichkeit hinnehmen, den Zugang zum Territorium, zum Arbeitsmarkt und den sozialen Rechten souverän zu kontrollieren. Einreise, Aufenthalt und Ausweisungen sind durch die Unionsbürgerschaft und die europäischen Freizügigkeitsregeln einerseits und andererseits durch die nationale und internationale Rechtsprechung, die zunehmend menschenrechtliche Aspekte würdigt, der alleinigen staatlichen Regelungskompetenz immer mehr enthoben (Kochenov 2009; McGauran 2010). Der (automatische) Erwerb der Staatsbürgerschaft würde nicht nur den in Österreich geborenen Kindern ein unbedingtes Aufenthaltsrecht garantieren, sondern indirekt auch ihren fürsorgepflichtigen Eltern einen höheren Schutz vor Ausweisungen und Abschiebungen verleihen.

Es kann daher vermutet werden, dass die Ablehnung des Geburtslandprinzips innerhalb der Regierung und insbesondere des zuständigen Innenministeriums weniger dem Erwerb der Staatsbürgerschaft der im Inland geborenen Kinder als dem indirekt über sie erworbenen Ausweisungsschutz der Eltern gilt. Gleichzeitig behält der Staat über die Einbürgerungsregelungen aber selbstverständlich auch weiterhin die unmittelbare Kontrolle über den Staatsbürgerschaftserwerb der besonderen Personengruppen der im Inland geborenen NichtstaatsbürgerInnen. Keine unbeträchtliche Gruppe, wie die Statistik zeigt: Im Durchschnitt der letzten Jahre betrafen (deutlich) mehr als ein Drittel aller Einbürgerungen (2015: 35,6 Prozent; Statistik Austria 2016b) im Inland geborene Kinder. Insgesamt sind nahezu ein Viertel (2011: 23,3 Prozent) aller eingebürgerten ÖsterreicherInnen in Österreich zur Welt gekommen (Reichel 2011: 135).

3. Österreichs Staatsbürgerschaftspolitik im internationalen europäischen Vergleich

Die Kriterien für eine Einbürgerung in Österreich sind zahlreich und streng und wurden in den letzten beiden Jahrzehnten ab 1998 durch mehrere Novellen und Gesetzesänderungen schrittweise verschärft (Çınar 2010; Stern/Valchars 2013a). Für die gewöhnliche Einbürgerung in Österreich verlangt das Gesetz im internationalen europäischen Vergleich zwar keine außergewöhnlichen Voraussetzungen. Langfristiger Aufenthalt, rechtliche Unbescholtenheit, Mindesterwerbseinkommen, Sprachkenntnisse, Wissenstests und die Rücklegung der bisherigen Staatsangehörigkeit sind Kriterien, die auch andere Staaten kennen. Österreich hebt sich vom Feld der europäischen Staaten allerdings dadurch ab, dass es einer der wenigen Staaten ist, der alle diese Kriterien gemeinsam zur Anwendung bringt und sie zu einem umfassenden Katalog an Voraussetzungen kombiniert. Die Höhe und Strenge der einzelnen Voraussetzungen, für die zudem keine oder nur wenige Ausnahmen bestehen, platziert Österreich schließlich endgültig am restriktiven Ende des Vergleichsspektrums.

Wie erwähnt, hat sich die restriktive Staatsbürgerschaftstradition Österreichs (Howard 2009: 19ff) in den letzten Jahren und Jahrzehnten zunehmend verschärft. Aktuell platziert der Migrant Integration Policy Index (MIPEX), der die Zugangsregelungen der nationalen Staatsbürgerschaften von 38 (europäischen und ausgewählten außereuropäischen) Staaten miteinander vergleicht, Österreich mit einem Wert von 26 (von max. 100) an 34. Stelle. Lediglich die Slowakei, Bulgarien, Estland und

Lettland rangieren in diesem Ländervergleich noch dahinter; Deutschland weist einen Wert von 72 auf, der EU-weite Durchschnitt liegt bei 47 Punkten (Huddleston et al. 2015). Ähnliche Ergebnisse liefert das EUDO Observatory on Citizenship, das die Staatsbürgerschaftsgesetze von 36 europäischen Staaten miteinander vergleicht. Im Bereich der „gewöhnlichen Einbürgerung", also des üblichen Einbürgerungsweges für MigrantInnen, scheint Österreich mit einem Wert von 0,27 (von max. 1,0) auf. Hier sind es lediglich drei Staaten – Litauen, Dänemark und die Schweiz –, die restriktivere Werte aufweisen; der EU-weite Durchschnitt liegt bei 0,58 (EUDO Observatory on Citizenship 2015).

In der Politik ist man sich der Strenge und Restriktivität des österreichischen Staatsbürgerschaftsgesetzes durchaus bewusst. Die Tatsache wird regelmäßig hervorgehoben und von VertreterInnen der jeweiligen Regierungen bzw. der jeweiligen Regierungsparteien als notwendig begründet. Eindrücklich zeigen dies zwei Zitate aus den beiden parlamentarischen Debatten anlässlich der Novellen zum Staatsbürgerschaftsgesetz 2005/06 und 2013; erstere erfolgte unter einer rechtskonservativen Koalition aus ÖVP und BZÖ, letztere unter einer Großen Koalition von SPÖ und ÖVP.

Man „hat uns im Hearing vorgeworfen, dass wir mit dieser Regierungsvorlage eines der strengsten Staatsbürgerschaftsgesetze in der Europäischen Union schaffen würden. – Ich bekenne mich dazu [...]" (Abgeordnete Helene Partik-Pablé, Freiheitliche).[20]

„Ich kann Sie aber gleichzeitig beruhigen: Wir schaffen mit dem neuen Gesetz keinen leichtfertigen Ausverkauf der österreichischen Staatsbürgerschaft, sondern ganz im Gegenteil: Die österreichische Staatsbürgerschaft unterliegt nach wie vor ganz klaren Kriterien, und im internationalen Vergleich ist sie nach wie vor eine grundsätzlich relativ schwer zu erreichende Staatsbürgerschaft, was aus meiner Sicht auch gerechtfertigt ist, weil sie ja ein hohes Gut ist" (Sebastian Kurz, ÖVP, Staatssekretär im Bundesministerium für Inneres).[21]

Das letzte Zitat aus dem Jahr 2013 unterstreicht einmal mehr den Ansatz der „regulated openness", wie er auch im österreichischen Staatsbürgerschaftsgesetz seine Entsprechung findet. Wie erwähnt wurde mit dieser Novelle für Arbeitskräfte im Bildungs-, Sozial- und Gesundheitsbereich eine begünstigte Einbürgerungsmöglichkeit durch Verkürzung der Aufenthaltsfrist geschaffen. Der Staatssekretär erläuterte diese selektive Einbürgerungserleichterung unter bestimmten Bedingungen, deren Einführung er für sich und seine Partei in Anspruch nahm. Gleichzeitig sah sich der Regierungsvertreter in der Debatte im Parlament aber auch dazu veranlasst, zu betonen und zu versichern, dass diese Erleichterung kein Abgehen von der generellen Einbürgerungsrestriktivität des Gesetzes oder gar einen „leichtfertigen Ausverkauf der österreichischen Staatsbürgerschaft" bedeute. Praktisch wortgleich brachte sich auch die Innenministerin in die Debatte im Bundesrat ein.[22] Argumente für die selektive Erleichterung auf der einen Seite werden durch Betonung der Beibehaltung der generellen Strenge auf der anderen Seite rhetorisch kompensiert.

Die generelle Strenge des Gesetzes mit seinen hohen Anforderungen für eine Einbürgerung wird mit dem hohen ‚Wert', der der österreichischen Staatsbürgerschaft zugeschrieben wird, gerechtfertigt. Die Aussage, dass die österreichische Staatsbürgerschaft ein ‚hohes' oder ‚besonders wertvolles Gut' sei, ist weit verbreitet. Die Position wird in Österreich von PolitikerInnen von weit rechts bis konservativ geteilt und findet sich in den Wortmeldungen zahlreicher Abgeordneter und Regierungsmitglieder wieder.[23] Wird der hohe Wert der österreichischen Staatsbürgerschaft als Argument für die besondere Strenge des österreichischen Gesetzes im Vergleich zu den Bestimmungen anderer europäischer Staaten eingesetzt, liegt dem offensichtlich die Annahme zugrunde, dass die österreichische Staatsbürgerschaft nicht bloß für sich allein wertvoll, sondern – verglichen mit den Staatsbürgerschaften anderer Staaten mit weniger restriktiven Regelungen – auch mehr wert sei. Dies wird nicht explizit artikuliert, ergibt sich jedoch zwingend aus der Argumentation. Worin der höhere Wert der österreichischen gegenüber anderen Staatsbürgerschaften läge, wird nicht ausgeführt.

Erwähnenswert ist schließlich auch die Positionierung der SPÖ im Verlauf der sieben Jahre, die zwischen den beiden letzten Gesetzesnovellen liegen. In den Jahren 2005/06 lehnte die Oppositionspartei SPÖ die Gesetzesnovelle der Regierung ab und erwirkte gemeinsam mit den Grünen ein suspensives, das Gesetzesvorhaben verzögerndes, aber nicht verhinderndes Veto im Bundesrat. Eines der Argumente für die Ablehnung des Gesetzes war seine Restriktivität im internationalen Vergleich:

Gerd Valchars

„Leider ist es uns nicht möglich, der gegenständlichen Novelle zuzustimmen […]. Wir zählen jetzt schon zu den drei Ländern mit den restriktivsten Staatsbürgerschafts-Regelungen in der EU […]. Wir brauchen keine Verschärfungen […]" (Abgeordneter Anton Gaál, SPÖ).[24]

„Mit diesem Gesetzesbeschluss des Nationalrates kommt es zu einer unnötigen Verschärfung der ohnedies strengen geltenden Bestimmungen des Staatsbürgerschaftsrechts."[25]

Obwohl an den Einbürgerungsvoraussetzungen prinzipiell festgehalten und die Strenge des Gesetzes bei der Novelle 2013 beibehalten wurde, wie nicht nur die Vergleichsstudie MIPEX belegt (sie weist für 2007 einen Wert von 27 und damit für die Jahre nach 2013 sogar eine geringfügig restriktivere Einstufung aus, Huddleston et al. 2011, 2015), sondern auch Staatssekretär Kurz und Innenministerin Johanna Mikl-Leitner (beide ÖVP) betonten[26], stimmte die SPÖ im Jahr 2013 – zu diesem Zeitpunkt Teil der Regierung – dennoch für dieses Gesetz.

4. Österreich: Mainstreamer und Trendverweigerer

Nimmt man die Entwicklung der letzten zwei Jahrzehnte in den Blick, lassen sich in Bezug auf Österreich ambivalente Tendenzen erkennen. Österreich bewegt sich gleichzeitig im Trend und verweigert sich diesem.
Die Einführung neuer Einbürgerungskriterien – im Konkreten die Einführung von Sprachkenntnissen und später (formalisierten) Sprachtests (in Österreich 1998 bzw. 2005/06) sowie die Einführung eines Wissenstests (ebenfalls 2005/06) – passierte im zeitlichen Gleichklang mit zahlreichen anderen (europäischen) Staaten. 1998 waren es beispielsweise lediglich sechs europäische Staaten, die Sprachkenntnisse durch formalisierte Tests vor der Einbürgerung abprüften, im Jahr 2010 hingegen bereits 19 (Goodmann 2010: 16). Ein vergleichbares Bild zeigt sich in Bezug auf die Verbreitung der Wissenstests. 1998 in lediglich vier Staaten Einbürgerungsvoraussetzung, waren es 2010 mit zwölf bereits viermal so viele (Goodmann 2010: 17). Mit ein Grund dafür ist eine Art Nachahmungseffekt; die Staaten, insbesondere die Staaten Europas und hier die Mitgliedstaaten der

Europäischen Union, orientieren sich im steigenden Ausmaß aneinander: „[T]he imitative behaviour of the Member States with regard to integration requirements is rapidly increasing" (Strik 2010: 5). Österreich kann dabei rückblickend im europäischen Mainstream verortet, wenn nicht sogar als *Early Adaptor* neuer Einbürgerungsregelungen angesehen werden.

Gänzlich anders verhält es sich allerdings bei zwei weiteren europäischen Entwicklungen im Staatsbürgerschaftsrecht der letzten Jahre und Jahrzehnte. Mehr und mehr Staaten gestalten den Erwerb der Staatsangehörigkeit bei Geburt neu und ergänzen ihre bestehenden *Ius-sanguinis*-Bestimmungen mit *Ius-soli*-Regelungen. Es lässt sich ein eindeutiger und unbestreitbarer Trend zu einer Kombination aus Abstammungs- und (bedingtem) Geburtslandprinzip in Europa erkennen (Honohan 2010; Vink/de Groot 2010a). Noch deutlicher ist die Entwicklung in der Akzeptanz von Doppel- und Mehrfachstaatsangehörigkeiten. Während die Vermeidung mehrfacher Staatsangehörigkeit lange als Ziel internationaler Bemühungen und nationaler Regelungen galt, wird sie heute zunehmend akzeptiert. Die Zahl der Staaten, die bei einer Einbürgerung keine Aufgabe der bisherigen Staatsangehörigkeiten verlangen, ist in den vergangenen vier Jahrzehnten weltweit und insbesondere in Europa stark gestiegen (Brøndsted 2008: 531; Vink et al. 2013; Spiro 2016). Die Mehrheit der Mitgliedstaaten der Europäischen Union, 18 der derzeit 28 Mitglieder, sehen diesbezüglich keinerlei Einschränkungen mehr und eine volle Akzeptanz der Mehrfachstaatsangehörigkeit vor (Huddleston 2014). Umgekehrt sind es nurmehr drei Staaten, die sich in einem internationalen Übereinkommen selbst dazu verpflichtet haben, die Entstehung mehrfacher Staatsangehörigkeit bei der Einbürgerung zu verhindern[27] – einer davon ist Österreich.

Während Österreich in den letzten Jahrzehnten bei der Verschärfung der Zugangsregelungen durch Einführung neuer Kriterien dem europäischen Trend folgte, verweigerte man sich bei der Ausweitung des Erwerbs per Geburt und der Liberalisierung der Rücklegungsbestimmungen dem europäischen Trend. Damit entfernte sich Österreich in den letzten Jahren schrittweise vom europäischen Durchschnitt. Das belegt auch die bereits erwähnte MIPEX-Studie: Beim Zugang zur Staatsbürgerschaft hat sich der Abstand Österreichs zum Durchschnitt der (damaligen) EU25 von 2007 bis 2014 um weitere 7 Punkte (von 16 auf 23 Punkte) vergrößert (Huddleston et al. 2015).

5. Conclusio

Staatsbürgerschaftspolitik wird in Österreich als Politikfeld verstanden, das auf die Beeinflussung von Migration abzielt. Das Staatsbürgerschaftsgesetz fungiert neben der „kriteriengeleiteten Zuwanderung" des Niederlassungs- und Aufenthaltsgesetzes und dem Asylgesetz als ein weiterer komplementärer und ergänzender Puzzlestein eines als umfassend verstandenen Migrationsmanagements, das beginnend mit den 1990er Jahren Teil der österreichischen Politik wurde. Der Logik des Migrationsmanagements folgend, sollen sich auch im Staatsbürgerschaftsrecht staatliche Zuwanderungspräferenzen abbilden und Einbürgerungsmöglichkeiten nach ökonomischem Nutzen vergeben werden. Dabei wird insbesondere beim Instrument des Staatsbürgerschaftsgesetzes klar, dass es im Migrationsmanagement nicht mehr (nur) darum geht, Zuwanderung unmittelbar durch Begrenzung und Reglementierung zu steuern, sondern durch strategisch gesetzte, selektive Inklusionsofferte zu ‚managen'. „In gewisser Weise geht es im Migrationsmanagement mithin nicht mehr darum, wer kommen darf (wer also physischen Zugang zum Staatsterritorium hat), sondern wie der Zugang zu unterschiedlichen Bündeln von Rechten geregelt wird" (Kraler/Ataç 2006). Im zunehmenden Maße wird hier auch der Zugang zum Vollstatus miteinbezogen.

Dies ist insbesondere auch vor dem Hintergrund des Beitritts Österreichs zur Europäischen Union 1995 und der schrittweisen Erweiterung der Union und der Ausdehnung der Freizügigkeitsrechte auf die neuen Mitgliedstaaten zu sehen. Während nämlich ‚harte' Zuwanderungskriterien auf UnionsbürgerInnen keine Anwendung mehr finden und Zuwanderung aus (immer mehr) Mitgliedstaaten der EU solcherart nicht mehr geregelt werden kann, bleibt das Instrument der Staatsbürgerschaftspolitik bestehen. Sie nimmt damit eine komplementäre und ergänzende Funktion zu den übrigen Instrumenten des Migrationsmanagements ein.

Wie die Analyse des Staatsbürgerschaftsgesetzes, der Novellen 2005/06 und 2013 und des parlamentarischen Diskurses dazu zeigt, waren insbesondere die letzten beiden Gesetzesnovellen stark von dieser Logik motiviert. Der Idee der ‚regulated openness' folgend, wurden sowohl die Erhöhung der Einbürgerungsvoraussetzungen (2005/06) als auch deren selektive Reduktion durch Einführung einer begünstigten Einbürgerung für Arbeitskräfte in bestimmten Berufsfeldern (2013) entsprechend gerechtfertigt. Das Beispiel der Einbürgerung „im besonderen Interesse der Republik" zeigt darüber hinaus, dass der Versuch der Restriktivität bei gleichzeitiger größtmöglicher Offenheit in Österreich schon deutlich länger Anwendung findet. Der politische Vorstoß zur Verlängerung der Wartefrist „als ein Signal" für anerkannte Flüchtlinge zeigt wiederum, dass die Überlegungen auch den Bereich der Fluchtmigration inkludieren.

Gleichzeitig zeigt sich, dass Staatsbürgerschaftspolitik (wie Migrationspolitik im Allgemeinen, Bauböck/Perchinig 2006: 726) als ideologisch hochumkämpftes Terrain auch als Spielweise symbolischer Politik dient. Die österreichische Staatsbürgerschaftspolitik ist zu einem hohen Grad auch symbolische Politik, die Signale an unterschiedliche AdressatInnen aussenden soll. Die Rede von der Staatsbürgerschaft als ‚hohem Gut' mit ‚besonderem Wert' richtet sich deutlich an jenen Teil der Bevölkerung, der mit ebendieser Staatsbürgerschaft ausgestattet (und dadurch auch potenziell Wähler oder Wählerin) ist. Ihren hohen ‚Wert' bekommt die Staatsbürgerschaft dieser Sichtweise folgend neben dem Nutzen, den sie für jene bereithält, die sie besitzen (also den Rechten, die mit ihr verbunden sind), durch die Kosten, die für ihren Erwerb aufgebracht werden müssen. Wertvoll ist, ähnlich einem Luxusgut, was teuer und schwer zu bekommen ist (Bauböck 2003: 30f; Valchars 2013: 57). Damit wird gleichzeitig ein Signal auch an den nichtösterreichischen Teil der Bevölkerung ausgesandt: Die Staatsbürgerschaft müsse man sich erst verdienen, wer StaatsbürgerIn sein möchte, müsse sich bemühen und Wohlverhalten an den Tag legen. Im Erfolgsfall winkt ihre Verleihung als „letzte[r] Schritt einer geglückten Integration".[28] Die Staatsbürgerschaft als Instrument einer staatlichen Pädagogik ist damit ein weiteres unverkennbares Motiv der österreichischen Staatsbürgerschaftspolitik.

Staats- und demokratietheoretische Überlegungen und Notwendigkeiten spielen hingegen in der österreichischen Staatsbürgerschaftspolitik kaum eine Rolle. Entsprechende Argumente werden von Teilen der Opposition in die Debatte eingebracht, auf Seiten der (jeweiligen) Regierung, die für die Politikgestaltung maßgeblich verantwortlich ist, konnten sie jedoch nicht festgestellt werden. Die Folgen dieser Staatsbürgerschaftspolitik sind deutlich erkennbar: Einem stetig wachsenden Anteil der Bevölkerung bleibt der Status der Staatsbürgerschaft trotz dauerhaften Aufenthalts verwehrt. Zu Beginn des Jahres 2017 lag der Anteil von Nichtstaatsbür-

GERD VALCHARS

gerInnen an der österreichischen Bevölkerung bei 15,3 Prozent (Statistik Austria 2017). Eine zunehmend defizitäre Demokratie (Valchars 2006), der Ausschluss eines immer größer werdenden Teils der Bevölkerung von demokratischer Teilhabe und Vollinklusion, wird damit als Kollateralschaden dieser Politik hingenommen oder gar bewusst provoziert.

1 Die von Hammar unterschiedenen Politikfelder werden ins Deutsche zuweilen als Einwanderungs- (immigration) und Migrationspolitik (immigrant policy) (Ataç 2011: 240) bzw. als Zuwanderungs- und Integrationspolitik übersetzt (Ataç/Rosenberger 2013). Um begrifflichen Verwirrungen vorzubeugen, soll hier allerdings die englische Bezeichnung beibehalten werden.

2 Änderung des Staatsbürgerschaftsgesetzes 1985, BGBl. I Nr. 136/2013.

3 Stenographisches Protokoll, 215. Sitzung des Nationalrates der Republik Österreich, XXIV. Gesetzgebungsperiode, 04/05. Juli 2013. S. 212.

4 Fremdenrechtsänderungsgesetz 2011 – FrÄG 2011, BGBl. I Nr. 38/2011.

5 Staatsbürgerschaftsrechts-Novelle 2005, BGBl. I Nr. 37/2006.

6 Stenographisches Protokoll, 129. Sitzung des Nationalrates der Republik Österreich, XXII. Gesetzgebungsperiode, 06./07. Dezember 2005, S. 86.

7 Stenographisches Protokoll, 129. Sitzung des Nationalrates der Republik Österreich, XXII. Gesetzgebungsperiode, 06./07. Dezember 2005, S. 93.

8 Stenographisches Protokoll, 129. Sitzung des Nationalrates der Republik Österreich, XXII. Gesetzgebungsperiode, 06./07. Dezember 2005, S. 85.

9 Staatsbürgerschaftsgesetz 1985 – StbG, BGBl. 311/1985 idF BGBl. I Nr. 104/2014. In weiterer Folge zitiert als StbG 1985.

10 10 bis 20 Prozent der männlichen und 30 bis 40 Prozent der weiblichen Angestellten sowie 30 bis 40 Prozent der in Österreich beschäftigten Arbeiter und gar 60 bis 70 Prozent der Arbeiterinnen erzielen durch ihre Erwerbsarbeit ein geringeres Einkommen, als für die Verleihung der österreichischen Staatsbürgerschaft notwendig ist (Stern 2012: 60). Zahlreiche Berufssparten weisen bei Vollzeitbeschäftigung niedrigere kollektivvertraglich gesicherte Einstiegsgehälter auf, als für eine Einbürgerung gesetzlich verlangt wird (Arbeitsmarktservice 2016). Die Stadt Wien hat berechnet, dass 18 Prozent der Drittstaatsangehörigen in Wien in Haushalten leben, deren Haushaltsgesamteinkommen für eine Einbürgerung zu gering ist; dasselbe trifft auf 21 Prozent UnionsbürgerInnen aus den nach 2004 der Europäischen Union beigetretenen Mitgliedstaaten, auf 13 Prozent der EU-15-Mitgliedstaaten und auf 9 Prozent der Österreicherinnen und Österreicher zu (Stadt Wien 2014).

11 Fremdenrechtsänderungsgesetz 2011, Erläuterung zur Regierungsvorlage, Beilagen zu den Stenographischen Protokollen des Nationalrats 1078, 24. Gesetzgebungsperiode, S. 3 und 1.

12 Ausländerbeschäftigungsgesetz – AuslBG, BGBl. Nr. 218/1975 idF BGBl. I Nr. 113/2015.

13 § 5 Abs 1 Z 3 Staatsbürgerschaftsgesetz 1949, BGBl. Nr. 276/1949.

14 Bundesministerium für Inneres (2014), Vortrag an den Ministerrat, GZ: BMI-LR1350/0005-III/1/c/2014, 20. Februar 2014.

15 Ibid.

16 Der Beruf war seit Einführung der „kriteriengeleiteten Zuwanderung" 2011 (ausgenommen 2015) in jedem Jahr als Mangelberuf gelistet (§ 1 Fachkräfteverordnung 2012, BGBl. II Nr. 207/2012, 2013, BGBl. II Nr. 367/2012, 2014, BGBl. II Nr. 328/2013, 2015, BGBl. II Nr. 278/2014 und 2016 BGBl. II Nr. 329/2015).

17 Regierungsvorlage, Entwurf eines Bundesgesetzes, mit dem das Staatsbürgerschaftsgesetz 1985 (StbG), das Tilgungsgesetz 1972 und das Gebührengesetz 1957 geändert werden (Staatsbürgerschaftsrechts-Novelle 2005), 1189 der Beilagen zu den Stenographischen Protokollen des Nationalrates XXII. GP, S. 8.

18 Nach der Abspaltung des BZÖ von der Freiheitlichen Partei (FPÖ) im April 2005 bestand der Freiheitliche Parlamentsklub aus Abgeordneten beider Parteien. Die Mehrheit der Abgeordneten trat dem neugegründeten BZÖ bei und/oder unterstützte dessen Regierungsarbeit wie die hier zitierte Abgeordnete Helene Partik-Pablé.

19 Ö1-Morgenjournal am 13.04.2016, 8.00 Uhr; E-Mail von R. Lopatka am 19.04.2016 an den Autor.

20 Stenographisches Protokoll, 129. Sitzung des Nationalrates der Republik Österreich, XXII. Gesetzgebungsperiode, 06./07. Dezember 2005, S. 84.

21 Stenographisches Protokoll, 215. Sitzung des Nationalrates der Republik Österreich, XXIV. Gesetzgebungsperiode, 04/05. Juli 2013. S. 211.

22 Stenographisches Protokoll, 823. Sitzung des Bundesrates der Republik Österreich, 18. Juli 2013, S. 70.

23 Zu nennen sind für die Debatten der Jahre 2005/06 und 2013 u.a. die Abgeordnete Helene Partik-Pablé (F), die Ministerinnen Karin Gastinger (BZÖ) und Johanna Mikl-Leitner (ÖVP) sowie Staatssekretär Sebastian Kurz (ÖVP); außerhalb der parlamentarischen Debatte beispielsweise der Abgeordnete zum Europäischen Parlament Andreas Mölzer (FPÖ, ORF Im Zentrum am 04.11.2012).

24 Stenographisches Protokoll, 139. Sitzung des Nationalrates der Republik Österreich, XXII. Gesetzgebungsperiode, 1. März 2006, S. 160.

25 Begründung des Einspruches gegen den Beschluss des Nationalrates vom 6. Dezember 2005 betreffend ein Bundesgesetz, mit dem das Staatsbürgerschaftsgesetz 1985 (StbG), das Tilgungsgesetz 1972 und das Gebührengesetz 1957 geändert werden (Staatsbürgerschaftsrechts-Novelle 2005), 1189 der Beilagen XXII. GP, S. 1.

26 Stenographisches Protokoll, 823. Sitzung des Bundesrates der Republik Österreich, 18. Juli 2013, S. 70.

27 Übereinkommen über die Verminderung der Fälle mehrfacher Staatsangehörigkeit und über die Militärdienstpflicht in Fällen mehrfacher Staatsangehörigkeit, BGBl. Nr. 471/1975.

28 Regierungsvorlage, Entwurf eines Bundesgesetzes, mit dem das Staatsbürgerschaftsgesetz 1985 geändert wird (Staatsbürgerschaftsgesetznovelle 1998), 1283 der Beilagen zu den Stenographischen Protokollen des Nationalrates XX. GP, S. 6.

Gerd Valchars

Literatur

Arbeitsmarktservice (2016): Gehaltskompass. http://www.gehaltskompass.at, 30.10.2016.

Ataç, Ilker (2011): Migrationspolitik und Inkorporation von MigrantInnen: politikwissenschaftliche Perspektiven. In: Fassmann, Heinz/Dahlvik, Julia (Hg.): Migrations- und Integrationsforschung – multidisziplinäre Perspektiven. Ein Reader. Göttingen: V&R unipress, 235-247.

Ataç, Ilker/Kraler, Albert (2006): „Gewünschte", „Geduldete" und „Unerwünschte". Klassifizieren, Selektieren, Stratifizieren. Migrationspolitik als Strategie des Filterns. In: Malmoe 33, 25-26.

Ataç, Ilker/Rosenberger, Sieglinde (2013): Inklusion/Exklusion: ein relationales Konzept der Migrationsforschung. In: Ataç, Ilker/Rosenberger, Sieglinde (Hg.): Politik der Inklusion und Exklusion. Göttingen: V&R unipress, 35-52.

Bauböck, Rainer (1999): Staatsbürgerschaftsrecht und Einbürgerung in Österreich. In: Brugger, Sepp/Unterweger, Josef (Hg.): Staatsbürgerschaftsgesetz. Wien: Verlag Österreich, 325-336.

Bauböck, Rainer (2003): Wessen Stimme zählt? Thesen über demokratische Beteiligung in der Einwanderungsgesellschaft. In: Wiener Hefte zu Migration und Integration in Theorie und Praxis 1(1), 26-44.

Bauböck, Rainer/Çınar, Dilek (2001): Citizenship Law and Naturalisation in Austria. In: Hansen, Randall/Weil, Patrick (Hg.): Towards a European Nationality. Citizenship, Immigration and Nationality Law in the EU. New York: Palgrave, 255-272.

Bauböck, Rainer/Perchinig, Bernhard (2006): Evaluation and recommendations. In: Bauböck, Rainer/Ersbøll, Eva/Groenendijk, Kees/Waldrauch, Harald (Hg.): Acquisition and Loss of Nationality. Policies and Trends in 15 European States. Volume 1: Comparative Analyses. Amsterdam: Amsterdam University Press, 431-478.

Bauböck, Rainer/Perchinig, Bernhard (2006): Migrations- und Integrationspolitik. In: Dachs, Herbert/Gerlich, Peter/Gottweis, Herbert/Kramer, Helmut/Lauber, Volkmar/Müller, Wolfgang C./Tálos, Emmerich (Hg.): Politik in Österreich. Das Handbuch. Wien: Manz, 726-742.

Berger, Daniela (2011): Der österreichische Staatsbürgerschaftstest – ein Bundesländervergleich. Wien: D.A.

Biegelbauer, Peter/Grießler, Erich (2009): Politische Praktiken von MinisterialbeamtInnen im österreichischen Gesetzgebungsprozess. In: Österreichische Zeitschrift für Politikwissenschaft 38(1), 61-78.

Borkert, Maren/Penninx, Rinus (2011): Policymaking in the field of migration and integration in Europe: An introduction. In: Zincone, Giovanna/Penninx, Rinus/Borkert, Maren (Hg.): The Making of Migration and Integration Policies in Europe: Processes, Actors and Contexts in Past and Present, IMISCOE Joint Studies. Amsterdam: Amsterdam University Press, 7-17.

Brøndsted, Tanja Sejersen (2008): „I Vow to Thee My Countries" – The Expansion of Dual Citizenship in the 21st Century. In: International Migration Review 42(3), 523-549. https://doi.org/10.1111/j.1747-7379.2008.00136.x

Castles, Stephen (1994): Democracy and Multicultural Citizenship. Australian Debates and their Relevance for Western Europe. In: Bauböck, Rainer (Hg.): From Aliens to Citizens. Redefining the Status of Immigrants in Europe. Aldershot et al.: Avebury, 3-28.

Çınar, Dilek (1994a): From Aliens to Citizens. A comparative Analysis of Rules of Transition. In: Bauböck, Rainer (Hg.): From Aliens to Citizens. Redefining the Status of Immigrants in Europe. Aldershot et al.: Avebury, 49-72.

Çınar, Dilek (1994b): Immigration, politische Partizipation und die Politik der Einbürgerung. In: SWS-Rundschau 34(4), 369-381.

Çınar, Dilek (2010): Country Report: Austria. Robert Schuman Centre for Advanced Studies. EUDO Citizenship Observatory, European University Institute, RSCAS/EUDO-CIT-CR 2010/10.

Çınar, Dilek/Hofinger, Christoph/Waldrauch, Harald (1995): Integrationsindex. Zur rechtlichen Integration von AusländerInnen in ausgewählten europäischen Ländern. Institut für Höhere Studien, Reihe Politikwissenschaft, 25/1995.

Çınar, Dilek/Waldrauch, Harald (2006): Austria. In: Bauböck, Rainer/Ersbøll, Eva/Groenendijk, Kees/Waldrauch, Harald (Hg.): Acquisition and Loss of Nationality. Policies and Trends in 15 European States. Vol. 2: Country Analyses. Amsterdam: Amsterdam University Press, 19-61.

Davy, Ulrike/Çınar, Dilek (2001): Österreich. In: Davy, Ulrike (Hg.): Die Integration von Einwanderern. Rechtliche Regelungen im europäischen Vergleich. Frankfurt am Main/New York: Campus Verlag, 567-708.

Dumbrava, Costica (2010): How illiberal are citizenship rules in European Union countries? Robert Schuman Centre for Advanced Studies. EUDO Citizenship Observatory, European University Institute, RSCAS 2010/50.

EUDO Observatory on Citizenship (2015): Citizenship Acquisition Indicators (CITACQ). http://www.eudo-citizenship.eu/indicators/citacqindicators, 30.10.2016.

Geiger, Martin/Pécoud, Antoine (Hg., 2010a): The Politics of International Migration Management. New York: Palgrave Macmillan.

Geiger, Martin/Pécoud, Antoine (2010b): The Politics of International Migration Management. In: Geiger, Martin/Pécoud, Antoine (Hg.): The Politics of International Migration Management. New York: Palgrave Macmillan, 1-20. https://doi.org/10.1057/9780230294882_1

Geiger, Martin/Pécoud, Antoine (Hg., 2012): The New Politics of International Mobility. Migration Management and its Discontents. IMIS Beiträge (40), 25-30.

Ghosh, Bimal (2005): Managing Migration: Whither the Missing Regime? UNESCO SHS/2005/MWB/4. http://unesdoc.unesco.org/images/0013/001391/139149e.pdf, 30.10.2016.

Ghosh, Bimal (2012): A Snapshot of Reflections on Migration Management. Is Migration Management a Dirty Word? In: Geiger, Martin/Pécoud, Antoine (Hg.): The New Politics of International Mobility. Migration Management and its Discontents. IMIS-Beiträge IMIS Beiträge (40), 25-32.

Goodman, Sara Wallace (2010): Naturalisation Policies in Europe: Exploring Patterns of Inclusion and Exclusion. Robert Schuman Centre for Advanced Studies. EUDO Citizenship Observatory, European University Institute, RSCAS/EUDO-CIT-Comp. 2010/7.

Hammar, Thomas (1985): European Immigration Policy: A Comparative Study. Cambridge: Cambridge University Press. https://doi.org/10.1017/CBO9780511898143

Honohan, Iseult (2010): The Theory and Politics of Ius Soli. Robert Schuman Centre for Advanced Studies. EUDO Citizenship Observatory, European University Institute, RSCAS/EUDO-CIT-Comp. 2010/2.

Howard, Marc Morjé (2009): The Politics of Citizenship in Europe. Cambridge: Cambridge University Press. https://doi.org/10.1017/CBO9780511819124

Huddleston, Thomas (2014): To be or not to be Danish: that is the question! http://www.mipex.eu/blog/?p=1756, 15.02.2017.

Huddleston, Thomas/Bilgili, Ozge/Joki, Anne-Linde/Vankova, Zvezda (2015): Migrant Integration Policy Index 2015. http://mipex.eu, 30.10.2016.

Huddleston, Thomas/Niessen, Jan/Chaoimh, Eadaoin Ni/White, Emilie (2011): Migrant Integration Policy Index, Brüssel.

Joppke, Christian (1998): Immigration Challenges to Nation-States. In: Joppke, Christian (Hg.): Challenges to the Nation-State: Immigration in Western Europe and the United States. Oxford: Oxford University Press, 5-46. https://doi.org/10.1093/0198292295.003.0002

Kalm, Sara (2010): Liberalizing Movements? The Political Rationality of Global Migration Management. In: Geiger, Martin/Pécoud, Antoine (Hg.): The Politics of International Migration Management. New York: Palgrave Macmillan, 21-44. https://doi.org/10.1057/9780230294882_2

Karasz, Lena (2013): Die österreichische Staatsbürgerschaft im europäischen Vergleich. In: Kammer für Arbeiter und Angestellte für Wien (Hg): Studie Staatsbürgerschaft. Wien, 35-57.

Kochenov, Dimitry (2009): Ius Tractum of many Faces: European Citizenship and the Difficult Relationship between Status and Rights. In: Columbia Journal of European Law 15(2), 169-237.

Kotalakidis, Nikolaos (2000): Von der nationalen Staatsangehörigkeit zur Unionsbürgerschaft. Die Person und das Gemeinwesen. Baden-Baden: Nomos.

Kraler, Albert (2011): The case of Austria. In: Zincone, Giovanna/Penninx, Rinus/Borkert, Maren (Hg.): The Making of Migration and Integration Policies in Europe: Processes, Actors and Contexts in Past and Present, IMISCOE Joint Studies. Amsterdam: Amsterdam University Press, 21-59.

Mackert, Jürgen (1998): Jenseits von Inklusion/Exklusion. Staatsbürgerschaft als Modus sozialer Schließung. In: Berliner Journal für Soziologie 8(4), 561-576.

McGauran, Katrin (2010): Managing migration. The development of EU migration management from 1975 to 2005. In: Bakondy, Vida/Ferfoglia, Simonetta/Jankovic, Jasmina/Kogoj, Cornelia/Ongan, Gamze/Pichler, Heinrich/Sircar, Ruby/Winter, Reneé (Hg): Viel Glück! Migration Heute – Wien, Belgrad, Zagreb, Istanbul. Wien: Mandelbaum Verlag, 106-141.

Perchinig, Bernhard (2010): All you need to know to become an Austrian: Naturalisation Policy and Citizenship Testing in Austria. In: van Oers, Ricky/Ersbøll, Eva/Kostakopoulou, Dora (Hg.): A Re-definition of Belonging? Den Haag: Brill, 25-50. https://doi.org/10.1163/ej.9789004175068.i-332.9

Reichel, David (2011): Staatsbürgerschaft und Integration. Die Bedeutung der Einbürgerung für MigrantInnen. Wiesbaden: VS Verlag für Sozialwissenschaften.

Schneider, Jan (2009): Pro Zuwanderung – pro Zuwanderer? Chancen und Grenzen der Repräsentation von Zuwandererinteressen in der Beratung von Migrationspolitik: Die Süssmuth-Kommission im Kontext. In: Linden, Markus/Thaa, Winfried (Hg.): Die politische Repräsentation von Fremden und Armen, Baden-Baden: Nomos, 118-143. https://doi.org/10.5771/9783845215778-118

Spiro, Peter J. (2016): At Home in Two Countries. The Past and Future of Dual Citizenship. New York: New York University Press. https://doi.org/10.18574/nyu/9780814785829.001.0001

Stadlmair, Jeremias (2014): Ökonomische Einbürgerungsvoraussetzungen im europäischen Vergleich: Irland, Dänemark und Österreich. In: Schnebel, Karin (Hg.): Europäische Minderheiten. Im Dilemma zwischen Selbstbestimmung und Integration. Wiesbaden: Springer, 165-200.

Stadt Wien (2014): 3. Wiener Integrations- & Diversitätsmonitor 2011–2013.

Stangl, Andrea (2012): Demokratie- und Geschichtsverständnis auf dem Prüfstand – Die Entwicklung des österreichischen Einbürgerungstests. Wien: D.A.

Statistik Austria (2016a): STATcube – Statistische Datenbank von Statistik Austria. Einbürgerungen 1983–2015. http://statcube.at/, 30.10.2016.

Statistik Austria (2016b): Einbürgerungen. http://www.statistik.at/web_de/statistiken/menschen_und_gesellschaft/bevoelkerung/einbuergerungen/index.html, 30.10.2016.

Statistik Austria (2017): Bevölkerung seit 2001 nach Staatsangehörigkeit und Geburtsland. http://www.statistik.at/web_de/statistiken/menschen_und_gesellschaft/bevoelkerung/bevoelkerungsstruktur/bevoelkerung_nach_staatsangehoerigkeit_geburtsland/031396.html, 15.02.2017.

Stern, Joachim (2012): Ius Pecuniae – Staatsbürgerschaft zwischen ausreichendem Lebensunterhalt, Mindestsicherung und Menschenwürde. In: Dahlvik, Julia/Fassmann, Heinz/Sievers, Wiebke (Hg.): Migration und Integration – wissenschaftliche Perspektiven aus Österreich. Jahrbuch 1/2011. Göttingen: V&R unipress, 55-74.

Stern, Joachim/Valchars, Gerd (2013a): Country Report: Austria. Robert Schuman Centre for Advanced Studies. EUDO Citizenship Observatory, European University Institute, RSCAS/EUDO-CIT-CR 2013/28.

Stern, Joachim/Valchars, Gerd (2013b): Naturalisation Procedures for Immigrants. Austria. Robert Schuman Centre for Advanced Studies. EUDO Citizenship Observatory, European University Institute, RSCAS/EUDO-CIT-NP 2013/4.

Strik, Tineke (2010): Research Purpose and Methodology. In: Strik, Tineke/Böcker, Anita/Luiten, Maaike/van Oers, Ricky (Hg.): The INTEC Project: Draft Synthesis Report. Integration and Naturalisation tests: the new way to European Citizenship. Centre for Migration Law. Radboud University Nijmegen, 5-10.

Tálos, Emmerich/Kittel, Bernhard (2001): Gesetzgebung in Österreich. Netzwerke, Akteure und Interaktionen in politischen Entscheidungsprozessen. Wien: Facultas/WUV.

Thienel, Rudolf (1990): Österreichische Staatsbürgerschaft. Band II. Wien: Staatsdruckerei.

Valchars, Gerd (2006): Defizitäre Demokratie. Staatsbürgerschaft und Wahlrecht im Einwanderungsland Österreich. Wien: Braumüller.

Valchars, Gerd (2013): Staatsbürgerschaft in Österreich. Über den Ausschluss von Mitgliedschaft. In: Hussl, Elisabeth/Gensluckner, Lisa/Haselwanter, Martina/ Jarosch, Monika/Schreiber, Horst (Hg.): Standpunkte. Gaismair-Jahrbuch 2014. Innsbruck et al.: Studienverlag, 51-58.

Vink, Maarten Peter/de Groot Gerard-René/Luk, Chun (2013): Global Dual Citizenship Database. https://macimide.maastrichtuniversity.nl/dual-cit-database/, 30.10.2016.

Vink, Maarten/de Groot, Gerard-René (2010a): Birthright citizenship: trends and regulations in Europe. Robert Schuman Centre for Advanced Studies. EUDO Citizenship Observatory, European University Institute, RSCAS/EUDO-CIT-Comp 2010/8.

Vink, Maarten/de Groot, Gerard-René (2010b): Citizenship Attribution in Western Europe: International Framework and Domestic Trends. In: Journal of Ethnic and Migration Studies, 36(5), 713-734. https://doi.org/10.1080/13691831003763914

Waldrauch, Harald (2001): Rechtliche Integration von Einwanderern in sieben europäischen Staaten: Ein Vergleich mit Hilfe eines „Index der rechtlichen Diskriminierung". In: Waldrauch, Harald (Hg.): Die Integration von Einwanderern. Ein Index der rechtlichen Diskriminierung. Frankfurt am Main/New York: Campus Verlag, 53-569.

Weil, Patrick (2001): Zugang zur Staatsbürgerschaft. Ein Vergleich von 25 Staatsangehörigkeitsgesetzen. In: Conrad, Christoph/Kocka, Jürgen (Hg.): Staatsbürgerschaft in Europa. Historische Erfahrungen und aktuelle Debatten. Hamburg: Edition Körber-Stiftung, 92-111.

ABSTRACT *This paper aims to analyse Austria's citizenship policy as a policy field increasingly influenced by the idea of migration management and its logics of inclusion and exclusion. At the same time, as a politically and ideologically highly contested issue, this policy field remains an arena for symbolic politics. In particular, the paper analyses the current citizenship law, the parliamentary debate revolving around the latest two amendments in 2005/06 and 2013, and places the Austrian citizenship policy in a European context.*

Gerd Valchars
Institut für Internationale Entwicklung, Universität Wien
Institut für Politikwissenschaft, Universität Wien
gerd.valchars@univie.ac.at

Journal für Entwicklungspolitik XXXIII 1-2017, S. 75–101

Sara de Jong, Petra Dannecker
Managing Migration with Stories?
The IOM "i am a migrant" Campaign

Abstract *This article offers an analysis of the aim, audience, form and content of the "i am a migrant" campaign of the International Organisation of Migration (IOM). We suggest that the campaign directs public opinion in Western 'host countries'. We furthermore propose that the campaign's website as a platform for migrants' voices is not antithetical to the mission of the IOM to manage migration according to a logic of productivity and rationality, but rather a logical extension of it. We show that the migrant narratives presented not only confirm, but also disrupt the assumed naturalness of migrants' strong ties with their countries of origin, frequently underpinning established policy on the migration-development nexus.*

Keywords *International Organisation of Migration, migration management, development, return migration, campaign, public opinion*

1. Introduction

Since the nineties, there has been a shift from thinking migration policy in terms of simply migration control to understanding migration as something that needs to be managed. Although it is too simplistic to draw a hard line between migration control and migration management, a main characteristic of migration management is that it presents migration as an inevitable phenomenon, which should be pragmatically approached to make the 'best' out of it, rather than merely contained. Migration is no longer presented as a problem *per se*. Rather, the logic goes, *mis*management of migration makes migration problematic for all involved. Migration management has been considered an expression of a new form of politics and power, one which exceeds mere coercion and discipline (Andrijasevic/Walters 2010: 980; Kalm 2010). A review of the critical literature on migration management shows that a governmentality framework has emerged "as a particularly salient way to analyse the workings of [...] migration management" (de Jong 2016: 352), since this can capture the soft power of persuasion, the constitution of subjectivities, and the role of expert knowledge as technologies of government. In line with a neoliberal agenda, 'making the best out of migration' has been defined in migration management as the so-called 'triple-win', with 'host' countries, countries of origin, as well as migrants themselves benefitting in economic terms. This depoliticising approach negates the fact that the interests of migrants, and those of sending and receiving countries, do not always align (Geiger/Pécoud 2010: 11). Proponents of migration management expressly support a liberal human rights framework as guiding their policies. Critics, however, argue that neoliberal migration management is in conflict with human rights-oriented global migration governance, since it prioritises neoliberal market interests over rights (Basok/Piper 2012). While advocates for migration management position themselves as more progressive compared to approaches that seek to stop or control migration, they are far removed from an open or no border politics approach.

Migration management is not just a set of policies, but also a discourse, which produces a certain way of understanding what migration 'is' and which form of knowledge, capacity and policies are needed to deal with migration (Geiger/Pécoud 2010: 2). This article offers an analysis of the discursive production of an increasingly important international actor in migration management, the International Organisation of Migration (IOM). Before presenting our specific case study, the IOM campaign "i am a migrant", launched in December 2015, we will introduce the IOM and its programmes, especially in relation to the migration-development nexus and the role of return migration, as a relevant backdrop to our subsequent analysis. We depart from the assumption that discursive and material practices relate to one another, albeit not in a straightforward manner. Therefore, this article explores what at first sight might seem like a tension or discontinuity between the IOM's *operational practices*, in particular its controversial migrant return programmes, and its *discursive work*, as articulated in the "i am a migrant campaign". Basok and Piper's comparative study of the programmes and rhetoric of International Organisations in relation to migrant women found discontinuities between the discourse of rights on the one hand, and a practice of neoliberal management, on the other. As they state: "While at the discursive level, IOM attempts to balance [a human right-oriented and a neoliberal management oriented trend], its specific programmes clearly privilege migration management" (2012: 53). In this article, instead of comparing practice and rhetoric, we will look at what the IOM's discourse, as constructed in the "i am a migrant" campaign, does for migration management.

2. The IOM and migration management

As several accounts reveal, the IOM has become an important player and global leader in migration management (Geiger/Pécoud 2014; Georgi 2010), although it is often overlooked by researchers (Andrijasevic/Walters 2010; Ashutosh/Mountz 2011: 22). In fact, it can be argued that its mission epitomises the productive and rational logic of migration management. As the IOM states: "IOM is committed to the principle that humane and orderly migration benefits migrants and society"[1]. The IOM is an intergovernmental organisation, and since September 2016 is a 'Related Organization' in the United Nations (UN) structure[2]. It was created with a precise mission, namely to help states to resettle refugees produced by the Second World War. To provide services for its member states is still the major task of the IOM. Increasingly however, this is conducted in the context of regulating migration in general, especially through migrant return (Koch 2014).

The IOM is, however, more than just a service deliverer to its now 165 member nation-states. The IOM also plays a significant role in constructing the 'reality of migration' by identifying and framing the 'problems' with migration; in the context of a competition for resources with other large organisations in the field, it serves the IOM well when they can subsequently offer to solve these 'problems'. Since the IOM only recently became a 'Related Organization' of the UN organisation, it previously needed to justify its legitimacy by reference to the discourse on the growing need for global migration management (Korneev 2014: 890). The IOM does not have a legal protection mandate like the UNHCR, but nevertheless wants to be considered as an organisation which protects and represents migrants and refugees. Hence, the IOM, continuously and seemingly successfully, engages in promoting this image. For instance, when the IOM announced its new status as a 'Related Organization' of the UN on its website, it framed this as follows: "Through the Agreement the UN recognizes IOM as an indispensable actor in the field of human mobility. This includes protection of migrants and displaced people in migration-affected communities, as well as in areas of refugee resettlement and voluntary returns, and incorporates migration in country development plans"[3].

The IOM is a fast-growing organisation. It proudly presents on its website a range of key indicators for its growth, including its increased membership from 67 States in 1998 to 165 in 2016, its growing expenditure (from USD 242.2 million in 1998 to an estimated USD 1.4 billion in 2014), and an increase in active projects from 686 in 1998 to more than 2,400 in 2014. When looking at the history and development of the IOM, it can be observed that the organisation is striving to extend its mission in relation to changing circumstances, and that its role in designing and implementing migration policies and its portfolio of activities has grown over recent years (Gabrielli 2016: 6; Geiger/Pécoud 2010). At the same time, the IOM was and is still doing important humanitarian work, for instance in Sri Lanka in the aftermath of the tsunami. The IOM is, according to the sociological perspective taken by Branett and Finnemore (1999: 699), one of the International Organisations which, through taking an embodied rational-legal authority "gives them power independent of the states that created them". Following this perspective, Koch (2014: 911f) argues that the IOM is therefore not just implementing so-called voluntary return and integration projects, or organising regional consulting processes around the world to manage mobility, but has also room to shape their content.

The IOM has also managed to establish itself as a trusted intermediary between states and migrants, legitimising its actions and shaping public opinion through research, the World Migration Reports, journals, information sheets, handbooks and flyers, thereby actively framing the issue of migration and how it needs to be managed (Betts 2011; Geiger/Pécoud 2010). For quite some decades the IOM has supported the European Union

SARA DE JONG, PETRA DANNECKER

(EU) and its member states, vital donors to the IOM (Wunderlich 2013) in legitimising and implementing their immigration policies as part of the process of the securitisation of migration (Bigo 2002). Furthermore, as argued by Ashutosh and Mountz (2011: 22f), the border enforcement strategies rely increasingly on the ability of the IOM to operate on behalf of, yet beyond the traditional bounds of, the sovereign state. At the same time, however, the IOM presents itself as an important actor protecting and representing migrants and their rights, and as a counterweight to increasingly coercive immigration and border enforcement strategies. The IOM thus "…stands at the intersection of the nation-state, international human rights regimes and neo-liberal governance" (Ashutosh/Mountz 2011: 22). As Fabian Georgi (2010: 65) points out, the IOM can be categorised among the "liberal global migration governance" camp, which "includes progressive notions of a more humane, just and open regulation of migration, while stressing that this can only be realized within a firm framework of migration governance or migration management". This camp struggles in its attempt to become hegemonic in global migration policy in competition with at least two other dominant political projects, the national sovereignty project and the rights-based approach.

2.1 The IOM and the migration-development nexus

In recent decades, the IOM has also played a decisive role in the process of incorporating international development into migration management, in line with migration management's understanding of the migration-development nexus as one of its main pillars. Lavenex and Kunz (2008: 449) describe the IOM and ILO as actors that "adopted a broad approach focusing on protecting migrant's rights and harnessing the potential development impact of their return to the country of origin", in contrast to the World Bank and the IMF, which took a narrow financial approach. Since the new millennium, the IOM has actively addressed development issues with the aim, in its own words, "to contribute to a better understanding of the links between international migration and development in order to harness the development potential of migration for the benefit of both societies and migrants and to contribute to sustainable development and poverty reduction"[4]. This statement has to be read in the context of the 'discovery' of remittances and the economic potential of migration, and thus the perceived developmental significance of migration, migrants and their remittances, which has been especially pronounced since the findings of the Global Development Finance Report of 2003 from the World Bank (Faist 2008).

The hype around the migration-development nexus has been accompanied by debates, policies and strategies on how governments and international organisations, in collaboration with each other, can cultivate the positive relationships between migration and economic and social development (Gamlen 2014: 582). One example of this cooperation is the agreement between the IOM and the European Union, which was published in 2011 by the European Commission Press: "The EU and IOM work together on a daily basis on projects which promote international cooperation in areas such as legal migration, irregular migration and development. This new agreement will [...] make our work together much more efficient"[5]. This meant, for example, that Assisted Voluntary Return and Reintegration (AVRR) programmes, which have a long history, are becoming increasingly integrated into the field of development cooperation and presented and framed as a strategy to foster social and economic development in the countries of migrants' origin. Project components with the aim of assisting migrants in setting up businesses in their countries of origin, or vocational training courses, can be interpreted along these lines, since they aim, according to the IOM, to link return to local development[6]. These new projects have to be understood in the light of the fact that earlier promises of the migration and development nexus, and the initiated activities, such as promoting diaspora engagement, have not led to the results anticipated by national and international policy offices (Vammen/Bronden 2012: 34; Sinatti/Horst 2014). This explains the enthusiasm for return migration as a way to keep migration and development on the international agenda, yet with an emphasis on migrants' and returnees' agency. Connecting return migration and post-return reintegration assistance to development, and embedding the projects in the international human rights regime, as the IOM does, or calling return programmes 'development', as national governments such as the Netherlands and Great Britain do (Vammen/Bronden 2012: 38), increases the social and political acceptability of state-induced migrant return.

SARA DE JONG, PETRA DANNECKER

This acceptability is, however, widely challenged by academics and international and national NGOs such as Amnesty International and Human Watch (Koch 2014: 911). Whereas Koser, for example, states that there is a fine line between facilitating return and encouraging it (2015: 15), others focus more on the IOM's definition of voluntarism and criticise its practice (see for example Noll 1999; Dünnwald 2014; Koch 2014). While the aforementioned criticisms of the IOM remain on the terrain of "legalistic points and a rights-based approach", others offer what Georgi and Schatral (2012: 213) consider a much needed radical critique of the premises of the IOM, by underlining that "migration controls *as such* can never be fair and just and adequate to the ideal of humans as free and equal beings". As Georgi (2010: 67) writes elsewhere, this radical critique does not preclude recognising that "on an individual basis, IOM has benefited many refugees and migrants by providing food, shelter, medical aid, advice or transport services [and that] on an individual level most IOM staff members genuinely want to 'help' migrants".

Between 2001 and 2003, the IOM, including its return programmes, was the subject of a critical counter-campaign led by the NoBorder network, under the name "Stop IOM! Freedom of Movement versus Global Migration Management" (Noborder Network; IRR 2002; Georgi 2010). When the IOM opened its first London office in 2002, the British Institute of Race Relations (IRR) featured a critical article on the IOM, inspired by the work of the European NoBorder network, asking "should NGOs be co-operating with the IOM?". It noted that return schemes require co-operation with partners such as academics and NGOs, some of which have a history of supporting migrants, and warned that while the IOM's programmes "appear perfectly worthy", there are reasons for "alarm bells" to ring (CARF 1 Oct 2002). At the occasion of the opening of the IOM's Manchester office, the website of the group Manchester No Borders featured an article on the "shadowy organisation" IOM, in which they describe its return programmes as follows: "If forced removals are so costly and cause a lot of fuss, the logic goes, why not do it another way, while pretending to be compassionate and humane. If detention is the stick, the IOM are the carrot. Both are part of the same system of migration management." (Manchester No Borders 13 October 2008). In response to these public attacks, the IOM "avoided the spotlight" (Georgi 2010: 45).

More recently, arguably, the IOM has started to actively seek, rather than avoid, the limelight. In the following, we complement the studies on and critical engagement with the IOM's return programmes, by shifting the attention from the IOM's operational programmes to its discursive production through analysing the new global IOM campaign, "i am a migrant". Through this, we want to shed further light on the IOM's active role in migration management through public campaigns, which have increasingly attracted scholarly attention (Andrijasevic 2007; Pécoud 2010; Basok/Piper 2012; Heller 2014; McNevin/Missbach/Mulyana 2016). After a short introduction about the history of the campaign, we will show that the campaign should be read as an instrument for managing public opinion and for legitimising the organisation. We will demonstrate that the project of providing a platform for migrants' voices is not antithetical to the IOM's mission, but rather a logical extension of it. Based on an analysis of the cases presented, we will propose that, in line with migration management and the migration-development nexus, the image of the entrepreneurial migrant as a good migrant is created and presented throughout the campaign. This is done particularly through the testimonies of returned migrants, whereby the return to the place of origin is constructed as the natural inclination for every migrant, despite there being narrative strands that challenge this logic, as will be shown.

3. The "i am a migrant" campaign

"i am a migrant" is, according to the IOM, both a campaign and platform[7]. The website offers a platform to "create a place for the personal stories of migrants" in order to "challenge the anti-migrant stereotypes and hate speech in politics and society". It invites migrants to tell their own stories, with the invitation to "create your personal i am a migrant poster to put on your wall, to send to your family and friends and to make your social media profile". It also asks non-migrants to share the captivating stories of migrants[8]. The website features the stories of people from all over the world, identifying people by a photo and their first name. Each story displays a luggage tag with the number of kilometres the migrant is removed from her/his 'country of origin'.

SARA DE JONG, PETRA DANNECKER

The campaign and platform has two 'predecessors'. On the one hand, it grew out of IOM's own "Migrant Heroes" campaign, which itself followed from the 2013 IOM "Migrants Contribute" campaign. The Migrants Contribute campaign was an attempt to "change the conversation about migration" by "putting the spotlight not on where migrants come from, but on what they bring"[9]. #MigrantHeroes, which was an extensive media campaign, including a film festival, sought to highlight "ordinary people […] doing extraordinary things", according to Rosebell Kagumire, the IOM's social media manager at the time. As she explained in a radio interview, the campaign wanted to address the negative one-sided media coverage about migrants, where the "only story [European audiences] see about a migrant is a migrant dying to reach the country, not a migrant who has actually transformed the society", thus affecting their perception of migrants (Kagumire 2015). Initially, it was planned that the #MigrantHeroes campaign would culminate in a public election of migrant heroes who would become IOM Goodwill Ambassadors[10]. The initial plan changed, as Itayi Viriri, the IOM's Media & Communications Officer explained, and #Migrant Heroes was transformed into the "i am a migrant" campaign[11].

The other key forerunner of the "i am a migrant" campaign was an externally organised poster campaign called "I Am An Immigrant" (IAAI). This IAAI campaign was initiated by the national British charity Joint Council for the Welfare of Immigrants (JCWI), and was run through the Movement against Xenophobia in the lead up to the 2015 UK general election. These organisations started a hugely successful crowd-funded campaign, raising £54,101 within a three-week period to print posters in which immigrants' contribution to and integration into society was highlighted, to counterbalance the election's anti-immigrant rhetoric. The posters, showing 15 stories selected from submissions by immigrants themselves, were displayed at hundreds of Underground stations in London and 550 rail stations across the country. As the JCWI explains on their website, combining the IAAI and IOM's #MigrantHeroes campaign was a "natural next step"[12]; a step they announced a few days before its global launch on December 18, 2015, International Migrants Day[13].

According to a spokesperson for the JCWI, the IOM, which had the capacity and funding to do so, "took the idea [of the IAAI campaign] globally"[14]. This reflects the IOM's (not uncontested) approach to work through partnerships with NGOs and the private sector (Pécoud 2010). The IOM used the concept of the original JCWI campaign, and extended its focus by including emigration, and therefore renaming the campaign "i am a migrant" to encompass both emigration and immigration. Currently, there are thus two websites that coexist alongside each other: www.iaman-immigrant.net from the JCWI, and the IOM's www.iamamigrant.org, with portraits on the JCWI website also featuring on the IOM's website with basically the same format, style and story[15]. The "i am a migrant" campaign clearly bears the traces both of its internal IOM predecessors in its focus on stories, and of its external JCWI forerunner in its explicit denouncement of "anti migrant stereotypes and hate speech in politics and society"[16]. The collaboration between the IOM and the JCWI continued when the JCWI launched the "I am a refugee" campaign for Refugee Week 2016, displaying plaques with the stories of refugees, with the IOM introducing a web-based "I am a refugee" campaign, together with the UNHCR[17]. The "i am a migrant" website is constantly growing, and is also dynamic in responding to new developments and emerging political agendas, as is illustrated in the increased attention to refugees, recently for instance featuring testimonies of Syrian refugees in Turkey who are presented as beneficiaries of various IOM programmes[18].

In September 2016, there were around 500 individual stories[19] featured on the website covering more or less an equal number of men and women. Most of the migrants and refugees who present themselves or are being presented by the IOM and their partners, are currently residing in Europe, particularly in Germany, the UK, Ireland, Italy, and Switzerland, as well as in the United States and Canada. This is supplemented by stories of migrants and refugees who now live in, for instance the Ukraine, Thailand, Paraguay, Albania and Mauritania, but these are fewer in numbers. While the Western clustering with regard to the countries of current *residence* is striking, with regard to the countries of so-called *origin* of those portrayed on the website, the picture is much more diverse. The website leaves the strong impression that migrants and refugees residing in the so-called western developed countries are privileged in the sense that they have the possibility to articulate themselves, and thus have agency, whereas migrants in the countries of the so-called global South hardly seem to have a voice.

While the first impression of the "i am a migrant" website suggests that the majority of the stories are uploaded by individual migrants themselves, the origin of the testimonies is more complex. Some stories can be traced back to earlier IOM publications, as well as to external sources, such as BBC news. There are a number of instances where this is made explicit with reference to the original source, such as "This story was provided by i am a migrant's partner, One Young World". At other times, when a seemingly autobiographical narrative ends with a line of information about the migrant featured, the identity of the narrator is more ambiguous: "Shanika was able to seek assistance and reside in a shelter run by the Government of Kuwait."[20]. This raises the question as to how much "narrative authority" (Malkki 1996: 398) migrants had over 'their' stories and the selection of the tagline, which accompanies each feature. The prominent role of the IOM as a supporting organisation in many of the testimonies (such as in facilitating return and providing settlement services for Syrian refugees in Turkey), also suggests that while the overt agenda of the website is the foregrounding of the stories of migrants, the platform is also used as a strategic showcase of the IOM's work.

In the following sections, we present three angles that we consider instructive in analysing the IOM "i am a migrant" campaign. We first focus on the goal and audience of the campaign, then on its form, and finally on a selection of its content.

3.1 The management of public opinion

A useful starting point to analyse the aim and audience of the "i am a migrant" campaign is Antoine Pécoud's study (2010) of the IOM's information campaigns for would-be migrants, in particular his insights about the important role attributed to information, and about governance through partnerships and persuasion. The information campaigns warned aspiring migrants of the dangers of migration, working under the assumption that once people are well informed, they will act according to a rational logic, and hence will be deterred (cf. Heller 2014). Seeking to affect the conduct of people through persuasion rather than force, these campaigns are a good example of govermentality. The IOM's coalition with civil society organisations, which underpinned the campaigns, managed to diffuse the locus of power.

We suggest that juxtaposing Pécoud's analysis of previous IOM campaigns with the "i am a migrant" campaign also reveals some significant and rapid shifts in the IOM's strategy. Pécoud (2010) found two paradoxes when comparing the global policy *rhetoric* of migration management and the *practice* of information campaigns. First, at the level of global policy, migration is presented as something positive, but the information campaigns he looked at emphasised the dark side of migration, and were thus still caught in the logic of migration control rather than productive management. Second, Pécoud (2010: 193) found another gap between action and rhetoric, as there were no "initiatives that would promote the usefulness of migration among the population of destination countries", even though policy documents articulated that "anti-immigrant feelings are fuelled by the ignorance of the public regarding migrants' usefulness" (ibid.: 186). Policy documents also proposed to address this "not only [as] a matter of increasing the acceptance of immigrants, but also of enabling governments to design more open migration policies", because "ignorant public opinions would [...] block much-needed policy reforms" (ibid.: 187).

In 2015, Laura Thompson, Deputy Director General of the IOM, uncannily echoed Pécoud's findings: "There is a long history of using information campaigns in the migration field. [...] A new type of information campaign is needed today *targeting the general public in destination countries*" (Thompson 2015: 7; italics added). Whether Pécoud's publication has been read by the IOM as an invaluable piece of PR advice (at affordable academic rather than consultancy rates), or whether there was an internal recognition of these contradictions, remains a matter of speculation. What is clear is that the "i am a migrant" campaign is precisely closing the initially observed gap between discourse and practice, reaching out to populations with the aim of addressing xenophobia. As the campaign states: "The negative memes about migration that fill our media are usually based on prejudice and *misinformation*."[21]. Moreover, as will be discussed in more detail below, the representation of migration is not simply negative anymore. That means that Pécoud's (2010: 193) observation concerning the earlier information campaigns, namely that they articulate that "migration is an option only for the losers, clever and hard-working people stay at home", no longer holds true today.

Other important sources to help understand the aim and audience of the "i am a migrant" campaign are the 2011 World Migration Report: "Communicating Effectively About Migration", and the IOM's 2015 report "How The World Views Migration". These reports drew on the analysis of two questions on migration from the Gallup World Poll, the largest globally comparable data set: one asked the respondent to evaluate the current level of migration in their country, the other to consider whether immigrants worked in jobs unwanted or wanted by citizens of the country (IOM 2015). As the IOM states in an announcement of the report, they found that the perception of migration is generally more positive than media coverage suggests, but the perception in *receiving countries* is more negative. Without referring to the "i am a migrant" campaign, the concluding remarks of this six-page announcement describe neatly describe its rationale:

> "Negative public perceptions of migration restrict the ability of policy-makers to manage migration effectively. There is a risk that migration policies in such countries will be increasingly shaped by fears and misconceptions rather than evidence. (…) We need to continue to monitor on a regular basis public perception of migration (…) This type of information is essential for policy-makers and practitioners who seek to influence public opinion. Such data can also contribute to the design of more effective information campaigns which seek to combat negative public perceptions of migration. Given the limited funds available to implement such campaigns, it is important that efforts to influence public attitudes are targeted at the right groups in society." (IOM 2015: 6)

In summary, the IOM holds that there is an objectively optimal way to manage migration, securing the economic benefits for all parties concerned. Fear of public backlash might prevent those 'in the know', such as policy makers, to pursue this optimum. With the correct information, the ignorant and misinformed would, it is argued, shed their xenophobia. In order to present them this correct information in the most efficient way, the IOM wants to know who and where these people are, to steer them towards recognising the true value of migration. As the IOM writes, the "IOM understands that migration is inevitable, necessary and desirable – if well governed": its necessity lies in the challenge to meet "labour demands and ensure the availability of skills and the vibrancy of economies and societies", which is desirable for migrants and receiving societies "when governed humanely and fairly as a path to the realisation of human potential"[22]. Following this logic, the IOM sees it as its task to enlighten the general public in order to recognise the truth. In other words, migration management and the remit of the IOM now encompass the management of public opinion, or in Heller's (2014: 304) terms, it engages in "perception management".

The language options of the "i am a migrant" website (English, French, German, Italian and Spanish) indeed reveal that the primary audience is exactly those European host country populations, especially in Southern Europe, which the survey found to be most negative concerning migration. Hence, non-migrant visitors from the so-called global South, especially Asia and Africa, are not the main target audience of the campaign. This could also explain why migrants living in Asian countries are hardly present on the platform, although Asia hosts the largest number of migrants after Europe (see the latest report by UN 2015[23]). Although the ILO had already, in 2011, underlined the need for a campaign to change the public attitude towards migrants in Asia, the regional strategy of the IOM for Asia and Pacific[24] focusses primarily on so-called vulnerable migrants, and thus the 'shadow side' of migration. For instance, a recent IOM campaign in Indonesia sponsored by the Australian state focussed on discouraging fishermen from 'smuggling' migrants (McNevin et al. 2016)

3.2 The role of testimonies

It might initially seem puzzling that the IOM, which attributes much weight to information as evidence, coordinates a campaign that largely features people's personal stories. Their Migrants Contribute campaign had already presented "moving stories", similar to the ones presented on the "i am a migrant" website, but also featured a tab called "Reality versus Perception", where the IOM contrasted popular discourse with data which corrected erroneous assumptions[25]. While there remains a factual information component on the "i am a migrant" website (an interactive graph of global migration flows), personal testimonies play an even more prominent role.

The IOM's interest in telling migrants' stories extends beyond the "i am a migrant" campaign: IOM Director General William Lacy Swing

SARA DE JONG, PETRA DANNECKER

wrote an Op-Ed in the Bangkok Post, entitled "See the World Through Migrants' Eyes"[26] (2015) and IOM UK participated in the 2016 Migration Museum exhibition "Call me by my name – Stories from Calais and beyond". Different from the earlier myth-busting and factual approach, these initiatives introduce a strong affective dimension, both in "the *essence* of [migrants'] testimony [as] emotional rather than analytical" and in "that what is *produced* by the testimony (the public's compassion)" (Fassin 2008: 537, 539; italics added). While the "i am a migrant" campaign still presents stories to 'correct' what the IOM considers a skewed negative media discourse, its focus on testimonies is arguably a shift away from the technocratic, depoliticised approach commonly associated with migration management. The emphasis on individual personal stories, rather than on structural power relations in migration regimes, can be seen as depoliticising. Seemingly paradoxically, "both the singularity of individual trajectories and situations and the specificity of collective processes and issues are effaced" (Fassin 2008: 552).

However, the fact that the campaign grew out of the deeply political initiative of the JCWI as a response to the UK election and that 'giving voice' has a long progressive political history, make the "i am a migrant" campaign politically ambivalent. There has been a recent upsurge of political solidarity expressed through "I am ..." epitaphs, from "Je Suis Charlie" to "I am Eric Garner"[27]. While these statements have come under critique, they have arguably also led to the formation of new collective identities. A similar political impulse of identification, while in excess of the intention of the "i am a migrant" campaign, is not unimaginable. As McNevin, Missbach and Mulyana state in their recent analysis of a public IOM campaign in Indonesia, "governing rationalities at stake in the campaign break down, shift, and mutate in ways that generate unpredictable disruptions to technocratic control" (2016: 225).

We also propose that it is useful to situate the "i am a migrant" campaign in relation to international development initiatives that preceded it. Critical development scholarship has a longstanding engagement with analysing development testimonies, the most famous of which is the World Bank's Voices of the Poor project in 2000. For this project, the World Bank approached the UK Institute of Development Studies with a proposal to widely consult the poor. Robert Chambers (2013: 8), who led the project, revealed recently that he and his colleagues struggled over the following issues: "Were we being coopted? Was this exercise merely cosmetic?". Chambers' questions were echoed more recently by researcher and film maker Charles Heller (2014: 304), who recounts that "his [activist artistic] practice encountered a moment of deep crisis" after he found that the IOM produced similar images of migrants' suffering as he had done in his own films, but with the expressed contrary purpose, namely to govern migrants' mobility, not to criticise migration regimes. These questions about co-optation are also pertinent for the partnerships between the IOM and civil society in the "i am a migrant" campaign.

The judgment of John Pender[28], who condemned the use of soundbites and quotations out of context in the Voices of the Poor project, is relevant for the "i am a migrant" campaign, which also uses single strap lines to accompany each story. Moreover, the focus on the stories of 'others' could facilitate "comfortable diversion and evasion, looking away from where we should be looking", as Chambers (2013: 17) warned. Drawing on Kalpana Wilson's (2011: 329) analysis of contemporary visual representations in development, we can also see that even if the "i am a migrant" campaign presents migrants' agency, rather than their victimhood, this agency might still be "limited to the 'rational self-interested' individual". Also, the recognition of this agency remains dependent on the benevolent non-migrant visitor to the "i am a migrant" website. Moving from the format of the campaign to its content, we will now analyse selected featured stories in relation to the migration-development nexus.

3.3 The migrants' narratives

As we have discussed above, the academic literature on transnational migration from the first decade of the new millennium, which proposed that migrants can contribute to the development of their countries of origin through transnational activities (see for example Nyberg-Sorensen et al. 2002), fuelled an optimism in international and national policymakers' circles that migrants and their remittances (financial and social) could have a major impact on the economic and social development of countries of origin (Vammen/Bonden 2012). More recently however, the academic literature can be divided into studies that observe positive effects on development and other research that finds a rather negative relation between migration and development (de Haas 2012). The latter, more critical, studies range from criticising the neoliberal orientation, with its strong focus on individual agency in the current policy papers and strategies, to questioning the categories used, as well as pointing to the lack of empirical evidence. Moreover, this research argues that migrants' own visions and ideas about development, and as such the role migration may play in social change and the shaping of contemporary societies, is rarely taken into account (Dannecker 2009; Raghuram 2009).

Interestingly, the individual stories on the IOM platform support the latter sceptical views with regard to the expected development of the so-called countries of origin through migration: hardly any migrant or refugee featured on the "i am a migrant" website defines his or her main task as 'developing' his or her country of origin. There are few accounts of activities, such as remittances, which correspond to the taken for granted meaning of development, (re)produced by international organisations as well as national development actors through the migration and development discourse. Instead, most migrants and refugees describe their individual contributions to the 'development' of their current societies of residence. Sentences like "So many of us are contributing", "For the past years I have been contributing to the biggest infrastructure projects in UK", "I am a legal aid lawyer and proud of my contribution to this country", "I am [a] cleaner and I help to organise hundreds of workers and create a safe environment for thousands of students", "I am an immigrant and I have created more than 200 jobs in the UK", "For five years I have been committed to protecting you, the public, and reducing prisoner reoffending", "Despite the difficulties faced by Syrians everywhere, they are able to prove their abilities and contribute to the development of host societies" or "I have helped so many people in need here" are just some examples from the 71 stories of migrants living in the UK.

Furthermore, in many instances 'development' refers to 'self-development': "I got the opportunity to study here", "But once you get to know them, you realize that they just take longer to open up to people, you need to understand that", or "Learning the language was essential to find my way". The testimonies affirm that, through mobility, the way people belong or relate to places is changing. The places most of the migrants refer to is first of all the place of current residency, although every photograph has a yellow luggage label indicating the number of kilometres the person is away from 'home'. "I feel Indian but I feel British too. UK is my main home, India is my former home", "Home is where my heart is" or "My dad is Indian, My mum is Kenyan, Most of my family are immigrants. We're all Londoners and this is our home". Thus, the individual stories challenge the discursive stereotype (re-)produced about the 'natural' link between migrants and their countries of origin and the notion of migrants as important development actors and its translation into political strategies. While the individual stories are just snapshots, and many of the migrants presenting themselves might support their families in the so-called countries of origin in one way or the other, the 'natural' urge, and thus the assumption of the inevitability of these ties, as put forward by many development actors and organisations, gets partly questioned through the stories and the coexistence of several 'homes'. This also has the effect of putting into question the envisioned optimum of migration management, namely to benefit all three parties, including the so-called countries of origin. This questioning of the triple win effect, especially with regard to the 'home' countries, seems to get compensated by a reference to the Sustainable Development Goals (SDGs) at the bottom of each testimony, which the IOM only added in autumn 2016. The SDGs do, at least on a conceptual level, challenge the idea of development as a transfer of models and standards from North to South and the goals should, at least theoretically, apply to every nation. The references to the SDGs and their goals thus can be read not only as the IOM's commitment to the new global framework, but furthermore highlights the migrants' contribution to 'achieving' the goals. This is in contrast to other actors' (especially states) failure to move from political declarations to action.

As Berg and Rodriguez (2013: 653) have noted in the case of the discourse around migrants from the Americas: "One might even say that migrants are the most ideal transnational neoliberal subjects because they are highly responsible, and self-motivated individuals who not only sustain their families at home but they also sustain themselves abroad". The narrative of productivity features strongly in the campaign in relation to the countries of residence. Testimonies like "It is our duty to do whatever it takes to show the government how productive we, the immigrants, can be. Moreover, there are many people who still can give more and more to make a great difference in the British Community", or "This is my home now and I am proud to be part of this diverse and tolerant culture" provide insights not only into the relationship between the narrators of the stories and broader society, but more importantly into how the discourse on migration management is framing their experiences in a normative yet depoliticised way. This representation of the 'ideal migrant' as productive has normative implications not only for the campaign's primary audience, the so-called 'host communities', but also for migrants as readers of and contributors to the website.

Whereas most migrants who present themselves on the website are indeed these ideal 'migrants', responsible, able to sustain themselves and contributing to the societies they reside in, and even meeting the goals of the SDGs, the IOM presents a number of returned migrants in the campaign. Most of the approximately 70 stories are either taken from earlier IOM publications such as "Seventeen Return Stories" (2014) or collected from other organisations[29]. All photographs of the returned migrants have a yellow luggage tag saying "back home" (instead of providing the distance to 'home'). All the stories presented are 'success' stories, thanks to hard work, an entrepreneurial spirit and the financial support of the IOM. These read as follows: "This is why the reintegration support of IOM is so important for us, it gave us the first push, it gave us the confidence to begin a new life in Albania"; "IOM's support helped me to feel more useful at home and more participative to my community"; or, "IOM has helped Ilir and his family to open and manage a coffee bar through the payment of the rent and the purchase of some furniture. After the start-up period, the income is now sufficient to cover the café's operating expenses and ensure a fix and solid revenue to the family."

As Lietaert, Broekart and Derluyn (2016: 13) have noted for the Assisted Voluntary Return Programmes in Belgium, "reintegration support is now increasingly used as a governmental tool for managing and controlling migration flows, in line with the broader move towards 'migration management'". Return migration is not only presented as a success. but also as a 'natural' and 'obvious' end of the migration circle, especially if the narratives feature illegalised mobility: "I don't know if Europe is really a paradise or not. But I know that if reaching that paradise means losing what I lost, suffering what I suffered, seeing what I saw, enduring what I endured, then I would much rather be home." This underlines the paradox in the logic of migration management: on the one hand, it emphasises the complexity of migration, while on the other hand migration management programmes work with a simplistic distinction between legal and illegal migration, with the former referring to "any movement of persons regarded as productive, efficient and framed as a lawful act" and the latter to "any mobility which deviates from the norm" (Oelgemöller 2011: 409). As such, the individual stories trace a line from a place of departure to a place of arrival in a country of destination and back to the former through return (Sinatti/Horst 2014: 14). Through integrating these cases into the campaign, the pervasive dichotomy of voluntary versus forced return gets blurred. However, as the following quotes reveal, not all presented returned migrants define return as a natural inclination (Black/Koser 1999), in contrast to what the tag 'back home' implies and constructs: "Most of my family lives in the Netherlands, so I knew it would be difficult to start a life on my own", or "I had no savings, no family, and no contacts left in Russia after being away for such a long time", or "I returned to Ukraine because I had no other choice". However, through the returnees' individual success stories, the economic macro forces, which set the framework for migration as well as for return, are either obscured or presented as mitigated through entrepreneurship.

4. Conclusion

The "i am a migrant" campaign, which provides a platform for the stories of migrants, might at first sight appear inconsistent with regards to the IOM's operational programmes, in particular in light of the by now well-established critique of the IOM's migrant return programmes. In this article, we have offered an analysis of the campaign on the level of aim and audience, as well as form and selected content, to show that the campaign's aim of addressing xenophobia should not necessarily be understood as expressing a concern with migrants' welfare or rights, which motivated the original IAAI campaign, and on which "i am a migrant" builds. Rather, we have argued, it needs to be interpreted in light of the IOM's own existential concern with its legitimacy, which is tied to migration, and, more specifically, in the context of the productive and rational migration management it espouses. In this logic, the campaign is a necessary intervention to optimise the potential gains of migration, responding to fears that politicians make irrational anti-migration decisions when faced with xenophobic publics, thereby potentially jeopardising the desired 'triple win', which includes achieving the SDGs. Since affect is considered a crucial mechanism to change public opinion, this campaign foregrounds testimonies and narratives over evidence and expertise, which are genres, which have been more classically associated with migration management.

A more detailed analysis of the content revealed that some migrants' narratives 'escape' the discursive format of the campaign – such as the luggage tag indicating the number of kilometres that migrants are 'away' from 'their' country of origin – which thus disrupt common assumptions in development interventions linked to migration management about the 'natural' link between migrants and their country of origin. The affective dimension has the potential to exceed the managerial governmentality of the "i am a migrant" campaign, for instance by inspiring political solidarities. This complicates assessing the partnership that is behind the campaign, which included a British charity, the UNHCR, corporate partners, as well as an activist crowdfunding initiative, in terms of co-optation.

Fifteen years after No Border's "Stop IOM!" campaign, a period in which the IOM expanded significantly and xenophobia has been rising, questions around whether the IOM's reaching out to NGOs for collaboration should be considered co-optation or movement success, are more relevant than ever. Our argument that the campaign takes the management of migration to a new level, by extending it to the management of public opinion in Western 'host countries' and by 'using' migrants to further illustrate and construct the 'ideal migrant' figure, underlines the relevance of a governmentality framework, with its attention to persuasion and the constitution of subjectivities, for understanding migration management. Our analysis has furthermore demonstrated the importance of the systematic investigation of concrete programmes, projects and campaigns, in light of the development, versatility and flexibility of migration management, which allows the mapping of both its consistencies and contradictions.

1 https://www.iom.int/mission (italics added)

2 Press Release 25 July 2016, "IOM Becomes a Related Organization to the UN." http://www.iom.int/news/iom-becomes-related-organization-un

3 Press Release, 25 July 2016, "IOM Becomes a Related Organization to the UN." http://www.iom.int/news/iom-becomes-related-organization-un

4 https://www.iom.int/migration-and-development

5 European Commission Press Release, 8 November 2011, "The European Commission and the International Organization for Migration Streamline their Cooperation." http://europa.eu/rapid/press-release_IP-11-1313_en.htm.

6 https://www.iom.int/assisted-voluntary-return-and-reintegration

7 http://iamamigrant.org/about

8 http://iamamigrant.org/about

9 http://www.migrantscontribute.com/#/).

10 http://www.iamanimmigrant.net/migrant-heroes

11 Email correspondence by the authors with Itavi Viriri (27.06.2016), conducted in the context of the research.

12 http://www.iamanimmigrant.net/i-am-immigrant-poster-campaign

13 https://www.jcwi.org.uk/blog/2015/12/16/i-am-migrant-global-campaign-launches-uk-dispel-myths-and-combat-negative-rhetoric

14 Phone conversation by the authors with JCWI staff (07.092016), conducted in the context of the research.

15 The only difference is that the IOM leaves out the surnames of the portrayed migrants.

16 http://iamamigrant.org/about

17 http://refugeesmigrants.org/

18 As part of a new development, the website can now be searched by 'tag', one of which is #iamarefugee. Since this function was added after completion of our analysis, a detailed discussion on how refugees versus how migrants are featured lies outside of the scope of this paper.

19 The number of stories is changing on a daily basis with new stories added and others deleted.

20 http://iamamigrant.org/stories/kuwait/shanika

21 http://iamamigrant.org/ (italics added)

22 http://www.iamanimmigrant.net/migrant-heroes

23 http://www.un.org/en/development/desa/population/migration/publications/migrationreport/docs/MigrationReport2015_Highlights.pdf

24 https://www.iom.int/sites/default/files/country/docs/AUP00548-RO-Bangkok-Regional-Strategy.pdf

25 http://www.migrantscontribute.com/#/what-migrants-bring/understanding-bigger-picture

26 https://www.iom.int/oped/see-world-through-migrants-eyes

27 http://www.msnbc.com/the-ed-show/watch/protestors---i-am-eric-garner--367374915571

28 http://www.spiked-online.com/newsite/article/11674#.V9VRkYVXHnA

Sara de Jong, Petra Dannecker

29 The IOM Norway has an interactive website where visitors can read return stories
    by choosing a country from the map presented; however, none of these stories ap-
    pear on the "I am a migrant" website. See: http://www.iomstoriesofreturnnorway.
    com/p/home

References

Andrijasevic, Rutvica (2007): Beautiful Dead Bodies: Gender, Migration and
    Representation in Anti-Trafficking Campaigns. In: Feminist Review 86, 24-44.
    https://doi.org/10.1057/palgrave.fr.9400355
Andrijasevic, Rutvica/Walters, William (2010): The international organization for
    migration and the international government of borders. In: Environment and
    Planning D: Society and Space 28, 977-999. https://doi.org/10.1068/d1509
Ashutosh, Ishan/Mountz, Alison (2011): Migration management for the benefit of
    Whom? Interrogating the work of the International Organization for Migra-
    tion. In: Citizenship Studies 15(1), 21-38. https://doi.org/10.1080/13621025.2011.5
    34914
Barnett, Michael/Finnemore, Martha (1999): The Politics, Power, and Pathologies
    of International Organizations. In: International Organisation 53(4), 699-732.
    https://doi.org/10.1162/002081899551048
Basok, Tanya/Piper, Nicola (2012): Management Versus Rights: Women's Migra-
    tion and Global Governance in Latin America and the Caribbean. In: Feminist
    Economics 18(2), 35-61. https://doi.org/10.1080/13545701.2012.690525
Berg, Ulla Dalum/Rodriguez, Robyn Magalit (2013): Introduction: Transnational
    Citizenship Across the Americas. In: Identities: Global Studies in Culture and
    Power 20(6), 649-664. https://doi.org/10.1080/1070289X.2013.828627
Betts, Alexander (2011): Introduction: Global Migration Governance. In: Betts,
    Alexander (ed.): Global Migration Governance. Oxford: Oxford University
    Press, 1-33. https://doi.org/10.1093/acprof:oso/9780199600458.003.0001
Bigo, Didier (2002): Security and Immigration: Towards a Critique of the Govern-
    mentality of Unease. In: Alternatives 27(Special Issue), 63-92. https://doi.
    org/10.1177/03043754020270S105
Black, Richard/Koser, Khalid (1999): The End of the Refugee Cycle? Refugee Repa-
    triation and Reconstruction. New York/London: Berghahn.
CARF (2002): The IOM and the Culture of Expulsion. IRR http://www.irr.org.uk/
    news/the-iom-and-the-culture-of-expulsion/ 1 Oct 2002.
Chambers, Robert (2013): 'Voices of the Poor' and Beyond: Lessons from the Past,
    Agenda for the Future. Lecture delivered on 11 October 2012 on the occasion
    of the 60th Dies Natalis of the International Institute of Social studies, The
    Hague, published 8th of November 2013.

Dannecker, Petra (2009): Migrant Visions of Development: A Gendered Approach. In: Population, Place and Space 15(2), 119-132. https://doi.org/10.1002/psp.533

De Haas, Hein (2012): The Migration and Development Pendulum: A Critical View of Research and Policy. In: International Migration 50(3), 8-61. https://doi.org/10.1111/j.1468-2435.2012.00755.x

De Jong, Sara (2016): Converging logics? Managing migration and managing diversity. In: Journal of Ethnic and Migration Studies 42(3), 341-358. https://doi.org/10.1080/1369183X.2015.1074857

Dünnwald, Stephan (2014): Rückkehr als Risiko. In: Ataç, Ilker/Fanizadeh, Michael/Kraler, Albert/Manzenreiter, Wolfram (Hg.): Migration und Entwicklung. Neue Perspektiven. Wien: Mandelbaum, 173-190.

Fassin, Didier (2008): The Humanitarian Politics of Testimony: Subjectification through Trauma in the Israeli–Palestinian Conflict. In: Cultural Anthropology 23(3), 531-558. https://doi.org/10.1111/j.1548-1360.2008.00017.x

Faist, Thomas (2008): Migrants as transnational development agents: an inquiry into the newest round of the migration-development nexus. In: Population, Space and Place 14(1), 389-403. https://doi.org/10.1002/psp.471

Gabrielli, Lorenz (2016): Multilevel inter-regional governance of mobility between Africa and Europe. GRITim Working Paper Series 30, 1-41.

Gamlen, Alan (2014): The new migration-and-development pessimism. In: Progress in Human Geography 38(4), 581-597. https://doi.org/10.1177/0309132513512544

Geiger, Martin/Pécoud, Antoine (2010): The politics of international migration management. In: Geiger, Martin/ Pécoud, Antoine (eds.): The Politics of International Migration Management. Basingstoke/New York: Palgrave Macmillan, 1-20. https://doi.org/10.1057/9780230294882_1

Geiger, Martin/Pécoud, Antoine (2014): International Organisations and the Politics of Migration. In: Journal of Ethnic and Migration Studies 40(6), 865-887. https://doi.org/10.1080/1369183X.2013.855071

Georgi, Fabian (2010): For the Benefit of Some: The International Organization for Migration (IOM) and its global migration management, in: Geiger, Martin/ Pécoud, Antoine (eds.): The Politics of International Migration Management. Basingstoke/New York: Palgrave Macmillan, 45-72. https://doi.org/10.1057/9780230294882_3

Georgi, Fabian/Schatral, Susanne (2012): Towards a Critical Theory of Migration Control: The Case of the International Organization of Migration. In: The New Politics of International Mobility: Migration Management and its Discontents. IMIS-Beiträge 40, Osnabrück, 193-221.

Gosh, Bimal (2007): Managing migration: Whither the Missing Regime?. In: Pécoud, Antoine/de Guchteneire, Paul (eds., in association with UNESCO): Migration without Borders. Paris: UNESCO, 97-118.

Heller, Charles (2014): Perception Management – Deterring potential migrants through information campaigns. In: Global Media and Communication 10(3), 303-318. https://doi.org/10.1177/1742766514552355

ILO ROAP. (2011): ILO four-country study on public attitudes to migrant workers. Bangkok: ILO Regional Office for Asia and the Pacific.

IOM (2013): Input of the International Organization for Migration to the Eleventh Coordination Meeting on International Migration. Popular Division, Department of Economic and Social Affairs, United Nations Secretariat, New York 21-22 February 2013, – document from 19 February 2013, 1-8.

IOM (2014): Seventeen Return Stories. The Hague: IOM Netherlands.

IOM (2015): How the World Views Migration: Forthcoming IOM Report Based on Data from the Gallup World Poll. IOM Migration Research Division, Geneva, January, 2015.

Kalm, Sara (2010): Liberalizing Movements? The Political Rationality of Global Migration Management. In: Geiger, Martin/Pécoud, Antoine (eds.): The Politics of International Migration Management. Basingstoke/New York: Palgrave Macmillan, 21-44. https://doi.org/10.1057/9780230294882_2

Koch, Anne (2014): The Politics and Discourse of Migrant Return: The Role of the UNHCR and IOM in Governance of Return. In: Journal of Ethnic and Migration Studies 40(6), 905-923. https://doi.org/10.1080/1369183X.2013.855073

Korneev, Oleg (2014): Exchanging Knowledge, Enhancing Capacities, Developing Mechanisms: IOM's Role in the Implementation of the EU-Russia Readmission Agreement. In: Journal of Ethnic and Migration Studies 40(6), 888-904. https://doi.org/10.1080/1369183X.2013.855072

Koser, Khalid (2015): Promoting the Assisted Voluntary Return and Reintegration of Migrants. Occational Paper Series No. 16, Department of Border Protection and Immigration, Australian Government, 1-16.

Lavenex, Sandra/Kunz, Rahel (2008): The Migration-Development Nexus in EU External Relations. In: Journal of European Integration 30(3), 439-457. https://doi.org/10.1080/07036330802142152

Lietaert, Ine/ Broekaert, Eric/ Derluyn, Ilse (2016): From social instrument to migration management tool: assisted voluntary return programmes: the case of Belgium. In: Social Policy and Administration. https://doi.org/10.1111/spol.12185

Malkki, Lisa (1996): Speech Emissaries: Refugees, Humanitarianism, and Dehistoricization. In: Cultural Anthropology 11(3), 377-404. https://doi.org/10.1525/can.1996.11.3.02a00050

McNevin, Anne/ Missbach, Antje /Mulyana, Deddy (2016): The Rationalities of Migration Management: Control and Subversion in an Indonesia-Based Counter-Smuggling Campaign. In: International Political Sociology 10(3), 223-240. https://doi.org/10.1093/ips/olw009

No Border Network (2002): 'The IOM, Spies and Migrant Hunters: Campaign to Combat Global Migration Management', http://www.noborder.org/iom/index.php

No Borders Manchester (2008): Don't talk to the IOM. 13 October 2008, http://nobordersmanchester.blogspot.co.uk/2008/10/dont-talk-to-iom.html, March 7, 2017.

Noll, Gregor (1999): Rejected Asylum Seekers: The Problem of Return. In: International Migration 37(1), 267-288. https://doi.org/10.1111/1468-2435.00073

Nyberg-Sørensen, Nina/Van Hear, Nicholas/Engberg-Pedersen, Paul (2002): The Migration-Development Nexus. Evidence and Policy Options, State-of-the-Art Overview. In: International Migration 40(5), 3-47. https://doi.org/10.1111/1468-2435.00210

Oelgemöller, Christina (2011): 'Transit' and 'Suspension': Migration Management or the Metamorphosis of Asylum-Seekers into 'Illegal' Immigrants. In: Journal of Ethnic and Migration Studies 37(3), 407-424. https://doi.org/10.1080/1369183X.2011.526782

Pécoud, Antoine (2010): Informing migrants to manage migration? An analysis of IOM's information campaigns. In: Geiger, Martin/ Pécoud, Antoine (eds.): The Politics of International Migration Management. New York: Palgrave Macmillan, 184-201. https://doi.org/10.1057/9780230294882_9

Raghuram, Parvati (2009): Which Migration, What Development? Unsettling the Edifice of Migration and Development. In: Population, Place and Space 15(2), 103-118. https://doi.org/10.1002/psp.536

Sinatti, Giulia/Horst, Cindy (2014): Migrants as agents of development: Diaspora engagement discourse and practice in Europe. In: Ethnicities 15(1), 1-19.

Thompson, Laura (2015): Changing Public Perceptions of Immigration. In: Migration Policy Practice, V(1), 4-8.

Vammen, Ida Marie/Brønden, Brigitte M. (2012): Donor-Country Responses to the Migration-Development Buzz: From Ambigious Concepts to Ambigious Policies?. In: International Migration 50(3), 26-42. https://doi.org/10.1111/j.1468-2435.2012.00756.x

Wilson, Kalpana (2011): "Race", Gender and Neoliberalism: Changing Visual Representations in Development. In: Third World Quarterly 32(2), 315–331. https://doi.org/10.1080/01436597.2011.560471

Wunderlich, Daniel (2013): Europeanization through the Grapevine: Communication Gaps and the Role of International Organizations in Implementation Networks of EU External Migration Policy. In: Journal of European Integration, 34(5), 485-503. https://doi.org/10.1080/07036337.2011.611385

ABSTRACT *Der Beitrag analysiert die Zielsetzung, das Format, die AdressatInnen und den Inhalt der „i am a migrant"-Kampagne der Internationalen Organisation für Migration (IOM). Wir argumentieren, dass die Kampagne Einfluss auf die öffentliche Meinung in westlichen ‚Aufnahmeländern' nimmt und ihr Ziel, Migrantinnen und Migranten eine ‚Stimme' zu geben und ihre Sichtbarkeit zu erhöhen, nicht der Logik des Migrationsmanagements widerspricht. Im Gegenteil, die Kampagne stellt aus unserer Sicht eine logische Erweiterung der Agenda der IOM dar, die unter anderem darin besteht, den ökonomischen, sozialen und gesellschaftlichen ‚Nutzen' von Migration durch und über die individuellen Beiträge und Leistungen von Migranten und Migrantinnen zu zeigen, und das nicht nur in Bezug auf die sogenannten Aufnahme-, sondern auch auf die Herkunftsländer. In der Analyse wird darüber hinaus deutlich, dass die Annahme einer selbstverständlich starken Bindung von MigrantInnen zu ihren ‚Herkunftskontexten' – die auch der Diskussion des Migrations-Entwicklungsnexus als Grundlage dient – in den migrantischen Narrativen der Kampagne nicht nur bestätigt, sondern auch kritisch in Frage gestellt wird.*

Sara de Jong
School of Politics, Philosophy, Economics, Development, and Geography, The Open University
sara.dejong@open.ac.uk

Petra Dannecker
Institut für Internationalen Entwicklung, Universität Wien
petra.dannecker@univie.ac.at

JOURNAL FÜR ENTWICKLUNGSPOLITIK XXXIII 1-2017, S. 102–109

Essay

SANDRA STERN
Recht haben und Recht bekommen. Gewerkschaftliche Unterstützung undokumentiert Arbeitender in Österreich

Ana ist Peruanerin und kam als Au-pair nach Deutschland. Sie arbeitete für eine Hamburger Familie und wollte Deutsch lernen. Doch die Familie wollte, dass ihre Kinder zweisprachig aufwachsen. Ana sollte daher Spanisch mit ihnen sprechen. Sie verwehrten ihr den Deutschkurs. Nach Auslaufen von Anas Visum bat sie die Familie, ohne Papiere weiter für sie arbeiten zu können. Ana putzte, kochte und versorgte die Kinder der Familie drei Jahre lang – undokumentiert und ohne Bezahlung. Glücklicherweise lernte Ana über eine Bekannte Mónica kennen, die für eine Migrant_innenorganisation arbeitete und so wie sie Spanisch sprach. Mónica half Ana dabei, Schritte gegen ihre Arbeitgeber_innen zu unternehmen. Vertreten durch die deutsche Gewerkschaft ver.di und unterstützt durch antirassistische Initiativen und Organisationen sowie Freund_innen beschloss Ana, ihren Lohn einzufordern. Sie zog vor das Arbeits- und Sozialgericht und erhielt Recht.

Ana war damit die erste undokumentierte Kollegin, die ihre Arbeitsrechte mit gewerkschaftlicher Unterstützung vor Gericht einklagte und Recht bekam. Dadurch haben sie und ihre Unterstützer_innen in der deutschen Gewerkschaftslandschaft vieles in Bewegung gebracht. Im Dokumentarfilm *Mit einem Lächeln auf den Lippen* erzählt Ana ihre Geschichte selbst – vom Entschluss, nach Deutschland zu gehen, bis zum Abschluss ihres Arbeitskampfes im Wettrennen mit der zu erwartenden Ausweisung aus Deutschland. Anas Geschichte unterstützte auch den Aufbau der MigrAr-Anlaufstelle (MigrAr) in Hamburg, in anderen deutschen Städten und letztlich auch in Wien.

Mit dem Film im Gepäck und aufbauend auf bisherigen Initiativen und Erfahrungen starteten Aktivist_innen der Gruppe PrekärCafé 2009 auch in Österreich eine Kampagne. Sie wollten vor allem innerhalb von Gewerkschaften auf die Situation von undokumentiert Arbeitenden aufmerksam machen und die Vernetzung zwischen Gewerkschaften, Migrant_innenorganisationen und NGOs unterstützen. *Mit einem Lächeln auf den Lippen* wurde bei zahlreichen Filmabenden und Veranstaltungen gezeigt. Relevante Akteur_innen kamen dadurch miteinander ins Gespräch und lernten sich gegenseitig kennen. Darüber hinaus sollten die verschiedenen Akteur_innen jedoch auch in die Kampagne involviert werden. Schließlich ging es darum, gemeinsam Unterstützungsstrukturen für Menschen aufzubauen, die aufgrund von Migrations- und Beschäftigungsgesetzen vom formellen Arbeitsmarkt ausgeschlossen werden und daher häufig in äußerst prekären Verhältnissen leben und arbeiten müssen.

1. Legale Diskriminierung

Wer in Österreich leben darf, ist ein Politikum. Ebenso wie die Frage, wer hier arbeiten darf, soll oder muss. Wer heute ohne Staatsangehörigkeit eines EU-Mitgliedslandes (sog. ‚Drittstaatsangehörige') in Österreich lebt, darf häufig nicht regulär arbeiten. Aktuell gibt es in Österreich 28 verschiedene Aufenthaltsbewilligungen. Der Großteil davon verwehrt oder schränkt den regulären Zugang zum Arbeitsmarkt ein.

Diese Ausdifferenzierung rechtlicher Kategorien ist auch ein wichtiger Aspekt des sogenannten ‚Migrationsmanagements', dem neuen Paradigma einer Politik, die glaubt, Migration nach Bedarf lenken zu können. Trotz aller Versuche, Migrant_innen zu kategorisieren und zu ‚managen', bewegen sich Menschen, wie auch der Fall von Ana zeigt, in der Realität jedoch meist zwischen diesen Kategorien. Die Grenzen zwischen Legalität und Illegalität sind fließend. Prekarität erstreckt sich über beide Sphären.

Konkret bedeutet das, dass Menschen aus Nicht-EU-Ländern eine ‚Beschäftigungsbewilligung' brauchen, um in Österreich arbeiten zu dürfen. Damit sind Arbeitnehmer_innen aus Drittstaaten an eine_n

Arbeitgeber_in gebunden. Und auch die Freizügigkeit von EU-Bürger_innen wird in den letzten Jahren wieder zunehmend eingeschränkt. Die Folge ist, dass viele Migrant_innen häufig (auch) in den informellen Sektoren des Arbeitsmarkts oder scheinselbstständig arbeiten und dadurch gegenüber Arbeitgeber_innen leichter erpress- und ausbeutbar sind.

2. Arbeiten ohne Papiere

Diese Diskriminierung beim Zugang zum Arbeitsmarkt betrifft unterschiedliche Gruppen: Arbeitnehmer_innen und Studierende aus Nicht-EU-Ländern, Kroat_innen, für die bis 2020 Übergangsfristen für den österreichischen Arbeitsmarkt gelten, illegalisierte Migrant_innen. Eine der größten Gruppen sind Asylwerber_innen. Einer davon ist Zoheir.

Zoheir floh vor einigen Jahren aus dem Iran nach Österreich. In seinem Beruf durfte Zoheir jedoch nicht arbeiten. Denn wer als ‚zugelassene_r Asylwerber_in' in Österreich lebt, darf zwar laut Gesetz nach drei Monaten arbeiten. Allerdings schränkt der sogenannte ‚Bartenstein-Erlass' des Sozialministeriums aus dem Jahr 2004 die Arbeitsmöglichkeiten von Asylwerber_innen auf Saisonarbeit in der Landwirtschaft und im Tourismus ein. Und da für die Saisonarbeit zudem jährliche Kontingente verhandelt werden, ist die Chance für Asylwerber_innen, hier überhaupt Arbeit zu finden, gleich null. Asylwerber_innen bleiben häufig nur die selbstständige Arbeit oder gemeinnützige Tätigkeiten. Beide Bereiche sind jedoch von Kollektivverträgen ausgenommen und werden in der Regel äußerst schlecht bezahlt.

Als Asylwerber war Zoheirs Lage sehr prekär. Die Grundversorgung ist sehr niedrig bemessen. Trotzdem wird diese bei einem regulären Erwerbseinkommen, bis auf einen geringen Freibetrag, angerechnet und führt somit zu einem Ausschluss aus dieser Betreuungsleistung. Dies wusste auch sein Arbeitgeber und beantragte weder eine Beschäftigungsbewilligung für Zoheir, noch meldete er ihn bei der Sozialversicherung an. Zoheir arbeitete drei Wochen lang undokumentiert als Fassadenhelfer für eine Wiener Baufirma. Sein Arbeitgeber wollte ihm gerade einmal 200 Euro dafür bezahlen. Als Zoheir seinen ausstehenden Lohn einforderte, sagte ihm sein Arbeitgeber, er solle froh sein, dass er überhaupt etwas bekommen hätte, anderen würde er gar nichts bezahlen.

Ungefähr zur selben Zeit wurde in Wien der Arbeitskreis Undokumentiert Arbeiten (AK Undok) gegründet. Im März 2011 trafen sich Gewerkschafter_innen, Vertreter_innen aus NGOs und Beratungseinrichtungen, migrantischen Selbstorganisationen und Aktivist_innen erstmals, um sich über Möglichkeiten der Unterstützung für undokumentiert Arbeitende auszutauschen. Über einen Freund erfuhr Zoheir davon und nahm Kontakt auf.

Zoheir wurde der erste undokumentierte Kollege, der vom AK Undok unterstützt wurde, um zu seinen Rechten als Arbeitnehmer zu kommen. Er wurde Gewerkschaftsmitglied und forderte mit Unterstützung der Gewerkschaft Bau-Holz seine arbeits- und sozialrechtlichen Ansprüche ein. Auch der Betriebsrat der Wiener Baufirma wurde aktiv. Letztlich waren die gemeinsamen Bemühungen erfolgreich. Zoheir erhielt seinen ausstehenden Lohn und die ihm zustehenden Sonderzahlungen.

Damit war der AK Undok einen entscheidenden Schritt weiter. Die gemeinsame Erfahrung beförderte letztlich auch ein gemeinsames Verständnis von möglichen Ansatzpunkten für konkrete Unterstützung. Das Netzwerk an Unterstützer_innen wurde gefestigt, und insbesondere Gewerkschafter_innen trugen dazu bei, dass Zoheir zu seinen Rechten als Arbeitnehmer kam. Und das, obwohl er ohne Papiere gearbeitet hatte.

3. Alle Arbeitnehmer_innen haben Rechte

Vor dem Hintergrund der gemeinsamen Erfahrungen machte der AK Undok eine Bestandsaufnahme aller Aufenthaltsbewilligungen in Österreich. So entstand die Broschüre *Arbeiten ohne Papiere, … aber nicht ohne Rechte*, die die arbeits- und sozialrechtlichen Ansprüche von Migrant_innen bei undokumentierter Arbeit und die (aufenthaltsrechtlichen) Gefahren im Falle ihrer Durchsetzung auflistet. Die Botschaft ist eindeutig: Unabhängig davon, ob man mit oder ohne Papiere arbeitet – Sozialversicherungsgesetze, Arbeitsrecht und kollektivvertragliche Mindeststandards gelten für alle Arbeitnehmer_innen.

Im selben Jahr trat auch das Lohn- und Sozialdumpingbekämpfungs-Gesetz in Kraft, das ausbeuterische Praktiken von Unternehmen und Arbeitgeber_innen in Österreich erstmals unter Strafe stellte – ein Meilenstein. Im AK Undok war man sich jedoch rasch einig, dass die betroffenen Arbeitnehmer_innen darüber hinaus, unabhängig von ihrem Aufenthaltsstatus, Informationen über ihre Rechte, Beratung sowie Unterstützung bei der Durchsetzung ihrer arbeits- und sozialrechtlichen Ansprüche brauchen. Der Aufbau einer Unterstützungsstruktur für undokumentiert Arbeitende wurde daher zum gemeinsamen Ziel.

Nach mehreren Jahren der Zusammenarbeit wurde aus der informellen Kooperation ein Verein, aus einem Arbeitskreis die UNDOK-Anlaufstelle. Die Anlaufstelle zur gewerkschaftlichen Unterstützung undokumentiert Arbeitender eröffnete im Juni 2014 in den Räumlichkeiten des ÖGB und hat mittlerweile vier bezahlte Mitarbeiter_innen. Im Laufe der Zeit wurde auch das Netzwerk an Akteur_innen erweitert. Heute ist die UNDOK-Anlaufstelle eine Kooperation von vier Gewerkschaften (GBH, GPA-djp, PRO-GE, vida), dem ÖGB, der Arbeiterkammer Wien, der ÖH-Bundesvertretung, NGOs sowie selbstorganisierten Migrant_innenorganisationen und basisgewerkschaftlichen Aktivist_innen.

4. Gemeinsam gegen Ausbeutung

Vorenthaltene Löhne sind das häufigste Problem, das Arbeitnehmer_innen haben, die Kontakt zur UNDOK-Anlaufstelle suchen. Ein weiteres typisches Merkmal undokumentierter Arbeit sind extrem lange Arbeitszeiten: Zehn bis zwölf Stunden am Tag, und das sechs bis sieben Tage die Woche sind weit verbreitet. Undokumentierte Arbeitnehmer_innen erhalten in der Regel extrem niedrige Stundenlöhne, die weit unter dem jeweiligen Kollektivvertrag liegen. In Privathaushalten etwa sind Stundenlöhne bis zu einem Euro keine Ausnahme. Aber auch Lohnbetrug, das Nichteinhalten von Schutzstandards, Kündigung im Fall von Krankheit, Unfall oder fortgeschrittenem Alter sowie körperliche und sexuelle Übergriffe sind hier immer wieder anzutreffen.

Seit zwei Jahren bietet die UNDOK-Anlaufstelle kostenlose und anonyme Information und Beratung in mehreren Sprachen an. Sie unterstützt undokumentiert Arbeitende dabei, ihre arbeits- und sozialrechtlichen Ansprüche gegenüber ihren Arbeitgeber_innen einzufordern und nötigenfalls auch vor Gericht durchzusetzen. Dabei kann die UNDOK-Anlaufstelle auf das über Jahre gewachsene Netzwerk an Mitgliedsorganisationen und Kooperationspartner_innen sowie deren langjährige Erfahrungen in der Unterstützung von Migrant_innen zurückgreifen. Und dies ist dringend notwendig. Denn die Ausbeutung undokumentiert Arbeitender ist massiv und systematisch.

Migrant_innen ohne freien Arbeitsmarktzugang sind mit zahlreichen Hürden konfrontiert, sich Unterstützung zu suchen und effektive Schritte gegen den/die ArbeitgeberIn unternehmen zu können. Undokumentierte Arbeitnehmer_innen befinden sich in rechtlich komplexen Situationen. Und wie so oft ist Recht haben nicht gleich Recht bekommen. Erstens melden Arbeitgeber_innen die Arbeitnehmer_innen in der Regel weder bei der Sozialversicherung an noch beantragen sie für diese eine Beschäftigungsbewilligung. Undokumentiert Arbeitende müssen daher nachweisen, dass sie gearbeitet haben. Dafür brauchen sie vollständige, handschriftliche Arbeitszeitaufzeichnungen, Informationen über den Arbeitgeber, sonstige Beweise und idealerweise Zeug_innen. Zweitens befinden sich viele undokumentiert Arbeitende in einer prekären Situation, die eine Durchsetzung ihrer arbeits- und sozialrechtlichen Ansprüche zu einem aufenthaltsrechtlichen Risiko machen kann. In derart prekären Situationen unterstützt die UNDOK-Anlaufstelle mit einer direkten Intervention beim Arbeitgeber. Drittens wissen viele undokumentiert Arbeitende nicht, dass sie Rechte und welche Rechte sie als Arbeitnehmer_innen haben. Und das wird von Arbeitgeber_innen vielfach ausgenutzt.

Um undokumentiert Arbeitende angesichts dieser zahlreichen Hürden besser erreichen zu können, betreibt die UNDOK-Anlaufstelle aufsuchende Arbeit und bietet Workshops für undokumentiert Arbeitende sowie für Multiplikator_innen an. Dabei wird das notwendige Basiswissen über die eigenen Rechte und deren Durchsetzungsmöglichkeiten vermittelt – die wichtigste Voraussetzung, um sich gegen Ausbeutung zur Wehr setzen zu können. Damit soll die (Selbst-)Organisierung von undokumentiert Arbeitenden unterstützt werden. Die UNDOK-Anlaufstelle betreibt darüber hinaus Öffentlichkeitsarbeit und Lobbying zur Verbesserung der Situation von undokumentiert Arbeitenden. Im Rahmen der jüngsten UNDOK-Informationskampagne sprachen sich etwa zahlreiche Vertreter_innen und Expert_innen aus NGOs, Gewerkschaften, Wissenschaft, politischen Parteien, Kirchen, Arbeitgeberverbänden sowie Betroffene selbst für den Arbeitsmarktzugang für Asylwerber_innen aus. Denn Ana und Zoheir sind keine Einzelfälle. Es handelt sich um systematische Ausbeutung von Migrant_innen, gegen die es kollektive Anstrengungen braucht. Und dies ist nicht zuletzt im Sinne aller Arbeitnehmer_innen.

5. Ein Blick in die Zukunft

Mit der UNDOK-Anlaufstelle wurde eine Struktur geschaffen, die gewerkschaftliche Unterstützung für undokumentiert Arbeitende und einen Rahmen anbietet, um politische Forderungen zu entwickeln. Dabei werden Betroffene nicht nur als Beratungssuchende, sondern auch als potenzielle Gewerkschaftsmitglieder gesehen. Denn gerade die Diskriminierung beim Zugang zum Arbeitsmarkt sowie die massive Ausbeutung im globalisierten Kapitalismus erfordern, neben dem Ausloten bestehender rechtlicher Möglichkeiten, kollektive gewerkschaftliche Organisierungsstrategien. Angesichts der gesetzlich legitimierten Ausschlüsse bestimmter migrantischer Arbeitnehmer_innengruppen vom Arbeitsmarkt sowie des zunehmenden Lohn- und Sozialdumpings durch Unternehmen steht gewerkschaftliche Organisierung vor großen Herausforderungen.

Denn Gewerkschaften in vielen Industrieländern haben sich teilweise über Jahrzehnte auf ihre bestehenden Mitglieder konzentriert und versucht, ‚Normalarbeitsverhältnisse‘ von überwiegend weißen, männlichen Kernbelegschaften im Produktionssektor abzusichern. Angesichts der Internationalisierung von Unternehmensstrukturen, neoliberaler Deregulierung und aggressiv betriebener Standortkonkurrenz stehen Gewerkschaften vor der Herausforderung, alternative Strategien im Umgang mit den vielfachen Spaltungen von Belegschaften sowie den Konkurrenzverhältnissen auf transnationalen Arbeitsmärkten zu entwickeln. Dies bedeutet unter anderem, potenzielle neue Mitglieder vor allem im Dienstleistungssektor anzusprechen. Dabei handelt es sich überwiegend um Frauen und Migrant_innen, die – sowohl dokumentiert als auch undokumentiert – in Niedriglohnbranchen arbeiten. Gewerkschaften stehen jedoch nicht nur vor der Herausforderung, diese Arbeitnehmer_innen als neue Zielgruppen wahrzunehmen und mit spezifischen Unterstützungsangeboten anzusprechen, sondern müssen auch neue Organisierungsstrategien entwickeln. Diese Strategien müssen Arbeitnehmer_innen, die unter anderem mittels Migrationsgesetzen täglich gegeneinander in Konkurrenz gebracht werden, dabei unterstützen, sich gewerkschaftlich zu organisieren und sich gemeinsam gegen Lohn- und Sozialdumping durch Unternehmen und Arbeitgeber_innen zu wehren.

Nicht zuletzt ist die Forschung in diesem Feld gefragt, einen kritischen Blick auf die enge Verflechtung von Migrations- und Arbeitsmarktregimen sowie damit verbundene gesellschaftliche soziale Ungleichheit zu entwickeln. Die prekären Arbeits- und Lebensverhältnisse von undokumentiert Arbeitenden, Handlungsstrategien sowie Unterstützungsmöglichkeiten stellen dabei bedeutsame Ansatzpunkte dar.

Links

UNDOK-Anlaufstelle: http://undok.at
Kampagne ZUGANG JETZT! Für ein selbstbestimmtes Leben von Asylwerber_innen: http://zugang-jetzt.undok.at/
Kampagnen-Dokumentation des PrekärCafé: http://cafe.prekaer.at/undok-dokumentation-einer-kampagne/

Sandra Stern
UNDOK – Anlaufstelle zur gewerkschaftlichen Unterstützung undokumentiert Arbeitender

Essay

Franziska Kusche, Theresa Schütze
Schmutziges Geschäft oder helfende Hände?
Zur Kriminalisierung von Fluchthilfe

Mit dem Statement „Es gibt keine LEGALE Möglichkeit, nach Europa zu kommen" verdeutlichten Geflüchtete in den letzten Jahren, dass ihnen keine Alternative bleibt, als (professionelle) Unterstützung beim Grenzübertritt in Anspruch zu nehmen und sie sich daher gegen die Kriminalisierung dieser Dienstleistung positionieren (Refugee Protest Camp Vienna 2014). Sie thematisierten damit einen zentralen Widerspruch des europäischen Migrationsregimes zwischen einem allgemein anerkannten Recht auf Asyl in europäischen Staaten und der Unmöglichkeit, diese Staaten auf legalem Wege zu erreichen. Dieses Migrationsregime schafft damit einerseits als unausweichliche Gegenbewegung die Notwendigkeit, von den Dienstleistungen sachkundiger ‚SchlepperInnen' Gebrauch machen zu müssen. Andererseits wird es als einziges Instrument zu deren Bekämpfung dargestellt. Dieser Kampf gilt also den gleichen AkteurInnen und ihren Aktivitäten, deren Unabdingbarkeit zuvor hergestellt wurde.

Entsprechend der vorherrschenden Logik im Migrationsmanagement werden erfolgte Grenzüberschreitungen von Geflüchteten irregularisiert und als Abweichung vom Normalfall geregelter und erwünschter Einreise verhandelt – und die erfolgte Unterstützung der Betroffenen in Konsequenz kriminalisiert.

Die Begriffe ‚Schlepperei' und ‚Fluchthilfe' stellen zwei hegemoniale Deutungsmuster dar, in denen die Unterstützung zur Überschreitung nationalstaatlicher Grenzen durch ‚irregularisierte'[1] Subjekte grundlegend gegensätzlich gedacht wird: als kriminelle Tätigkeit oder als solidarischer Akt. Die Wahl der Begrifflichkeiten richtet sich dabei weniger nach der konkreten Beschreibung der Sache an sich als nach einer moralischen Bewertung des Unterfangens. Dies zeigt sich insbesondere darin, dass inhaltlich gleiche Tätigkeiten, je nach SprecherIn, entweder als Fluchthilfe oder als Schlepperei bezeichnet werden.

Die gezielte Benennung, Unterscheidung und Abgrenzung des jeweils einen vom anderen ist außerdem durch eine explizit rassistische Dimension bestimmt. Bilder und Narrative von als nicht-weiß wahrgenommenen SchlepperInnen, Geflüchteten als UnruhestifterInnen und weißen, hilfsbereiten und aufopfernden FluchthelferInnen dominieren den öffentlichen Diskurs. So werden geflüchtete politische AktivistInnen und geflüchtete UnterstützerInnen oft als zu radikal dargestellt und ihre Forderungen als nicht legitim zurückgewiesen. Unzählige Auszeichnungen und festliche Ehrungen gab es dagegen, um das Engagement weißer HelferInnen, mancherorts sogar aktive Fluchthilfe, zu würdigen (vgl. Van Dyk/Misbach 2016). Nicht-weiße FluchthelferInnen, UnterstützerInnen und SchlepperInnen werden pauschal im Umkreis krimineller Banden verortet und ihre Dienstleistungen mit menschenverachtenden Geschäften gleichgesetzt, die als eigentliche Ursache der ‚Flüchtlingskrise‘ benannt werden.

Schleppereidienstleistungen lassen sich aber klar von Menschenhandel abgrenzen. Ersteres basiert auf der Einwilligung der Geschleppten zur finanziell vergüteten Hilfe beim Grenzübertritt, während dagegen Menschenhandel mit Zwang und Ausbeutung verbunden ist. Dennoch zielen viele politische und militärische Anstrengungen des europäischen Migrationsregimes auf die Zerschlagung von Hilfsnetzwerken ab, die mit dem Begriff der ‚Schlepper- oder Schleuserkriminalität‘ verunglimpft werden.

Diese rechtliche und moralische Delegitimierung von Fluchthilfe unterliegt aktuell, aber vor allem auch in historischer Perspektive, starken Konjunkturen: So galt etwa in der BRD auch die entgeltliche Schleusung von Personen aus der DDR als legitime Dienstleistung. Neben diesem Beispiel finden sich heute eine Reihe positiver Bezugnahmen auf andere Formen der Fluchthilfe, wie jene im Rahmen der Abolitionsbewegung in den USA und die Hilfe zur Flucht von Verfolgten während der Zeit faschistischer Regime in Europa. Dass die Beurteilung historischer Formen von Fluchthilfe von der Bewertung des politischen Regimes abhängt, in dessen Kontext diese stattfindet, zeigt ihre zweifellos politischen Implikationen.

Fernab positiver historischer Bezugnahmen gibt es aktuell in Österreich keine rechtliche Unterscheidung zwischen Schlepperei und Fluchthilfe, sondern vielmehr komplexe Überlagerungen von unterschiedlichen Formen der Beihilfe und ihren humanitären, kommerziellen oder kriminellen Beweggründen. Die undifferenzierte Formulierung des sogenannten ‚Schlepperei-Paragrafen‘ in Österreich (§ 114 Fremdenpolizeigesetz) ermöglicht zum Beispiel eine Rechtspraxis, die jede Form der Unterstützung bei ‚irregulären‘ Grenzübertritten potenziell kriminalisiert.

1. Der ‚Fluchthilfeprozess‘

In diese staatlichen Praktiken der Kriminalisierung von Fluchthilfe in Österreich liefert der sogenannte ‚Fluchthilfeprozess‘ einen aufschlussreichen Einblick, der zwischen März und Dezember 2014 über 43 Prozesstage hinweg gegen acht geflüchtete Aktivisten geführt wurde. Der Prozess folgte auf die politischen Kämpfe des Refugee Protest Camps und die Besetzung der Wiener Votivkirche im Winter 2012/2013. Einige Monate danach wurden acht der darin involvierten Refugee-Aktivisten mit dem Vorwurf der Schlepperei verhaftet.

Das Vorgehen der Behörden begleiteten Schlagzeilen zu den öffentlichkeitswirksamen Behauptungen der damaligen Innenministerin über die unmenschliche und brutale Vorgehensweise der angeblich millionenschweren Schlepperbande. Damit befeuerte sie eine politische Stimmung der Diffamierung sowohl der Betroffenen als auch der Anliegen der Refugee-Proteste. Es wurde fast kritiklos möglich, die Angeklagten schon sechs bis acht Monate vor Prozessbeginn in Untersuchungshaft zu nehmen.

Im Verlauf des Prozesses stellte sich jedoch schnell heraus, dass sowohl für die behaupteten Verbindungen der Angeklagten zu ominösen Schlepperringen als auch über die immense finanzielle Bereicherung keinerlei nachvollziehbare Belege vorlagen. Die als Beweismaterial vorgebrachten Telefonüberwachungsprotokolle wiesen nicht nur grobe Auslassungen auf, sondern waren auch in weiten Teilen völlig unverständlich. Personenzuordnungen erwiesen sich häufig als nicht nachvollziehbar. Dazu kommt, dass die Angeklagten und einige UnterstützerInnen noch während des

Prozesses versuchten, gegen fehlerhafte Übersetzungen der Telefonate und ihrer Aussagen durch die DolmetscherInnen zu protestieren (Winiecka/Zimmermann/Loibl 2014: 3f).

Die Verurteilung fast aller Angeklagten, denen im Grunde keiner der ursprünglichen, medial und politisch Aufsehen erregenden Anklagepunkte nachgewiesen wurde, ist aus der Perspektive solidarischer ProzessbeobachterInnen als kategorische „Fortführung der Kriminalisierung der Refugeeproteste" zu verstehen (Winiecka/Zimmermann/Loibl 2014: 5). Der Verlauf des Prozesses zeigt aber auch, dass er in keiner Weise die Wahrung der Rechte ‚geschleppter' Geflüchteter zum Ziel hatte. Stattdessen machte das Urteil deutlich, dass es illegitim und strafbar ist, Betroffenen zu helfen und dass Refugee-AktivistInnen nicht Teil des ‚humanitären Europas' sind.

2. Staatliche Fluchthilfe im Sommer der Migration

Nur knappe neun Monate nach der Urteilsverkündung im ‚Fluchthilfeprozess' brachte der tragische Fund von 71 Leichen am 26. August 2015 in einem Kühllaster auf der A4 bei Parndorf der öffentlichen Empörung in Österreich über das ‚Schleppereiunwesen' neuen Aufwind, und Polizeikontrollen in Grenznähe wurden verschärft. Umso erstaunlicher war für viele das, was sich in den zwei darauffolgenden Monaten ereignete und gemeinhin als ‚langer Sommer der Migration' bezeichnet wird: Eine Zeit der massenhaften, sichtbaren Grenzüberschreitungen und zumindest vorübergehend geöffneten Grenzen. Unabhängig davon, ob dieser Zeitraum als Beginn einer anhaltenden ‚Flüchtlingskrise' oder als öffentlich wahrgenommener Beginn einer Krise des europäischen Migrationsregimes verstanden wurde, Einigkeit bestand für die meisten zumindest darin, dass der ‚Sommer der Migration' den diskursiven und materiellen Antrieb für zahlreiche Auseinandersetzungen und Veränderungen der europäischen Migrationspolitik bedeutete.

So konnten die öffentlich immer stärker und dramatischer wahrgenommenen Grenzüberschreitungen in dieser Zeit nicht mehr als Irregularitäten verhandelt werden. Zeigten sich doch die Widersprüche des Migrationsregimes aufgrund der Zahl der Geflüchteten und der unmenschlichen Zustände in den europäischen Außengrenzregionen so deutlich, dass die Strategie der Kriminalisierung nicht die gewollte und gewohnte Kontrolle herstellen konnte.

Der ‚March of Hope' vom Budapester Bahnhof Keleti über die Autobahn Richtung Österreich sendete schließlich ein Symbol der Selbstbestimmtheit, Organisationsfähigkeit und des Widerstandes, das sich einer Zuordnung innerhalb der Dichotomie ‚passives, geschlepptes Opfer' vs. ‚krimineller Schlepper' entzog. „Dieser kollektive Akt der Mobilität erzeugte letztendlich den politischen Druck, der zur Öffnung der österreichischen und deutschen Grenzen führte" (Tsianos/Kasparek 2015: 9) und den Ausschlag für die gemeinsame Regierungserklärung Deutschlands, Österreichs und Ungarns zur Aussetzung des Dublin-Abkommens Anfang September 2015 gab. Dies stellte jedoch nur die formelle Einsicht auf eine bereits bestehende Realität dar: Denn praktisch war das Dublin-Abkommen schon nicht mehr intakt, als Ende August die griechische Regierung immer mehr MigrantInnen an die mazedonische Grenze transportierte und auch Mazedonien schließlich ein ‚laisser-passer' in die EU dem militärischen Kampf gegen die MigrantInnen vorzog.[2] Nur im Kontext dieser Entwicklungen ist zu verstehen, warum das gezielte staatliche Eingreifen mit Bussen und (Sonder-)Zügen der ÖBB zumindest zeitweise die Form einer staatlich unterstützten Fluchthilfe annahm und die Strategie der Kriminalisierung von irregulärem Grenzübertritt und Beihilfe so abrupt ablöste.

Die Berichterstattung österreichischer Tageszeitungen begnügte sich allerdings damit, dieses Vorgehen auf die öffentliche Sicherheit betreffende Sachzwänge einerseits und eine abstrakte moralische Verpflichtung andererseits zu reduzieren. Entgegen aller Realpolitik wurden Analogien zu historischen Fluchtbewegungen herangezogen, um eine Verantwortung zur staatlichen Unterstützung der Fluchtrouten zu begründen. Die allgemeine Wahrnehmung der Transporte von Geflüchteten als humanitäre Geste wurde bestärkt durch die Inszenierung eines antagonistischen Gegenspielers: des ‚bösen und repressiven Ungarns'. Erst mit dieser Kontextualisierung konnte die Route nach Österreich und Deutschland zum ‚humanitären Korridor' avancieren, der Geflüchtete auf ‚geregelten Wegen', also insbesondere durch staatlich koordinierte Transporte, ihre Reise fortsetzen setzen ließ und eine Zunahme des ‚Schleppereiunwesens' einschränkte. Denn dieses ‚Unwesen' fand sich laut medialer Darstellung nur außerhalb und vor allem geografisch südöstlich von Österreich wieder. Exakt gleiche Tätigkeiten, also maßlos überteuerte (grenzüberschreitende) Taxifahrten für Geflüchtete nach und in Österreich, wurden als vereinzelte Übeltaten thematisiert – nicht aber als Schlepperei.

Wenn sich aber der Staat mit seinen Handlungen in unmittelbarer Konkurrenz zu Schleppereidienstleistungen verortet, dann könnte für deren Notwendigkeit durch die Institutionalisierung staatlicher Fluchthilfe direkte Abhilfe geschaffen werden. Dass es zu einer Verstetigung der staatlichen Fluchthilfe jedoch nicht kam, ist deshalb einleuchtend, weil dies eine radikale Veränderung der Logik des Migrationsregimes bedeutet hätte. Zentral- und nordeuropäische Staaten hätten ihre gemeinsame Verantwortung für die unmenschlichen Zustände an den EU-Außengrenzen und im Mittelmeerraum anerkennen müssen. Aus diesem Grund wäre es auch verkürzt, den ‚humanitären Korridor‘ im Sommer 2015 so darzustellen, als wären darin alle gravierenden Selektionsprozesse des herrschenden Migrationsregimes auch nur für einen Moment beseitigt worden.

Stattdessen kehrten im gesamten EU-Raum die alten Strategien der Kriminalisierung von Fluchthilfe und der restriktiven Grenzkontrollen zurück. In vielen europäischen Staaten bildeten Verschärfungen der Asylgesetze die Antwort auf die erfolgten Migrationsbewegungen. Innerhalb Europas über den Bau von Grenzzäunen zu sprechen, war kein Tabu mehr, sondern wurde vielerorts Realität. Die Grenzüberschreitungen an den EU-Außengrenzen sollten insbesondere durch den höchst umstrittenen EU-Türkei-Deal wieder unter Kontrolle gebracht und damit die Zahl der MigrantInnen stark reduziert werden. In Hinblick auf diese Entwicklungen kann sogar von einer Zuspitzung der Kriminalisierung gesprochen werden, wie sie sich beispielsweise in dem politischen Schauprozess der ‚Röszke 11‘ in Ungarn manifestierte: 11 Geflüchtete, die im September 2015 gegen den Bau des ungarischen Grenzzaunes und für einen sicheren Weg in andere europäische Staaten protestiert hatten, wurden im Juli 2016 zu mehrjährigen Gefängnisstrafen verurteilt. Die Kriminalisierung von ‚irregulären‘ MigrantInnen und ihren UnterstützerInnen ist also nach wie vor präsent.

Nichtsdestotrotz gibt es auch Bestrebungen, der moralischen Überformung der Dienstleistung der Migrationsunterstützung etwas entgegenzusetzen. Die künstlerisch und aktivistisch motivierte 2. Schlepper- und Schleusertagung (ISS) 2015 in München zum Beispiel trat dafür ein,

Fluchthilfe zum einen als politischen Akt begreifen, zum anderen aber gleichermaßen als eine Branche von ‚Fluchthilfe-Unternehmen' zu verstehen, in der Anbieter eine bestehende Nachfrage bedienen.

Es bleibt also dabei: Solange es für Geflüchtete keine legale Möglichkeit gibt, in die EU einzureisen, müssen größtenteils bezahlte Dienstleistungen, die diese Reise ermöglichen, als notwendige Gegenbewegung zum europäischen Migrationsregime weiterhin bestehen. Die Politik der Kriminalisierung muss deshalb als eine Symbolpolitik verstanden werden, deren Ziel es ist, ‚irreguläre' Grenzüberschreitungen permanent als Ausnahme und Ineffizienz im Migrationsmanagement zu deuten und damit ihre kollektive politische Bedeutung im Kampf um gleiche Rechte unsichtbar zu machen.

1 In der Differenzierungslogik des Migrationsmanagements werden alle Formen der Migration, die nicht explizit im Rahmen staatlicher Steuerung stattfinden, als ‚irregulär' kategorisiert. Die Autorinnen haben sich für die Verwendung der Bezeichnung ‚irregularisiert' entschieden, um zu verdeutlichen, dass Migration nicht per se irregulär ist, sondern dass sie als solche konstruiert wird. In der Kategorisierung von MigrantInnen als ‚irregulär' drückt sich also ein Disziplinierungsmechanismus aus.

2 Am 20. August 2015 rief Mazedonien zwar zunächst den nationalen Notstand aus und versuchte die Durchreise der MigrantInnen an der griechisch-mazedonischen Grenze durch gewaltsame militärische Eingriffe zu verhindern. Diese Strategie wurde jedoch nur drei Tage aufrechterhalten, bis zur Kehrtwende und Öffnung der Grenze.

Literatur

Van Dyk, Silke/Misbach, Elène (2016): Zur politischen Ökonomie des Helfens. Flüchtlingspolitik und Engagement im flexiblen Kapitalismus. In: Prokla 46(2), 205-227.

Refugee Protest Camp Vienna (2014): Solidaritätserklärung gegen die Kriminalisierung von Migrant*innen und Refugees. http://no-racism.net/article/4596/ (letzter Zugriff: 31.01.17).

Tsianos, Vassilis S./Kasparek, Bernd (2015): Zur Krise des europäischen Grenzregimes: eine regimetheoretische Annäherung. In: Widersprüche 35(138), 8-22.

Winiecka, Katarzyna/Zimmermann, Maria/Loibl, Olivia (2014): #Fluchthilfeprozess. Solidarität mit den Angeklagten Refugees. (Broschüre). http://no-racism.net/upload/188765932.pdf (letzter Zugriff: 31.01.17).

Franziska Kusche
Institut für Politikwissenschaft, Universität Wien
franziska.kusche@univie.ac.at

Theresa Schütze
Institut für Politikwissenschaft, Universität Wien
theresa.schuetze@univie.ac.at

Karin Fischer, Gerhard Hauck, Manuela Boatcă (Hg.): Handbuch Entwicklungsforschung. Wiesbaden: Springer 2016, 378 Seiten, 71,95 Euro.

‚Entwicklung' war politisch schon immer ein heikles Thema, was an einer Bemerkung des deutschen Entwicklungshilfeministers deutlich wird. Er verlieh jüngst seiner Befürchtung Ausdruck, dass eine ungenügende Entwicklungsfinanzierung in afrikanischen Ländern dazu führen könnte, dass „die Probleme zu uns" kämen – mit den ‚Problemen' sind die Flüchtlinge gemeint, die über das Mittelmeer nach Europa zu gelangen versuchen. Entwicklungshilfe als präventive oder kompensatorische Strategie der Politik ist nichts Neues.

Dass es sich bei Entwicklung um ein politisch, alltagskulturell, medial und wissenschaftlich hoch besetztes und überdeterminiertes Diskursfeld handelt, zeigt bereits ein kurzer Blick in das Inhaltsverzeichnis des Handbuchs zur Entwicklungsforschung, in dem nach einem ersten einführenden Kapitel im zweiten schließlich Beiträge zu verschiedenen Theorien wie Modernisierung/Moderne, Dependenz, Weltsystem, Neolibe-

ralismus, Postkolonialismus, Post-Development zu finden sind. Dem folgen eine synthetisierende Ortsbestimmung im dritten und eine Auseinandersetzung mit Definitionen und Messmethoden im vierten Kapitel, bevor in einem längeren fünften Kapitel Sachthemen der Entwicklungsforschung wie etwa Landwirtschaft, Migration, Arbeit, Staat, Rassismus oder soziale Bewegungen vorgestellt werden. Sehr gelungen ist im letzten Teil die Verknüpfung von einem Überblicksartikel mit einer Fallstudie zu den einzelnen Stichworten.

Einleitend wird von den drei HerausgeberInnen die Entwicklungsforschung als ein „amorphes Forschungsfeld" (S. 3) charakterisiert, das „multidisziplinär" (S. 8) angelegt sei (global, black, ethnic, postcolonial studies usw). Insofern ist das vorliegende Handbuch als ein Versuch zu verstehen, die unterschiedlichen Stränge der Forschung darzustellen, diese einer kritischen Sichtung zu unterziehen und einen ersten State of the Art der Diskussion vorzulegen. Die Spuren der Entwicklungsforschung, so zeigt einleitend der historische Blick, lassen sich bis zur Aufklärung und der Politischen Ökonomie des 18. und 19. Jahrhunderts zurückverfolgen, in denen zum ersten Mal ein weltanschauliches Entwicklungsverständnis artikuliert wurde, das sich durch Merkmale wie „gerichteter Wandel", „kumulativ", „zielgerichtete politische Intervention" und „Verbesserung" auszeichnet (S. 4). Interessanterweise scheint sich an diesem normativen, auf eine europäische Modernität ausgerichteten Entwicklungsdiskurs bis heute wenig geändert zu haben. Dieser hat sich seit der europäischen Expansion im Zeichen von Kolonialismus und Imperialismus, der Durchsetzung des modernen (Industrie-)Kapitalismus und des modernen Staates sowie von Rasse- und Suprematievorstellungen der Höherwertigkeit europäischer Völker und Kulturen über die Zeit konsolidiert – neben universalistischen Ideen von Freiheit, Gleichheit und Brüderlichkeit.

Eine grundlegende normative Achse des Entwicklungsdiskurses markiert die Unterscheidung von modern/vormodern oder modern/ traditionell – und so widmen sich allein drei Beiträge explizit der kritischen Auseinandersetzung um „Modernisierungstheorien" (Reinhard Kößler), „Multiple Moderne" (Rüdiger Korff) und „Verwobene Modernen" (Ingrid Wehr). Kößler zeichnet zunächst die Entstehung

des Modernisierungsparadigmas bei Marx, Weber, Parsons sowie der Entwicklungstheorien der 1960er Jahre ff. nach, in denen Entwicklung primär als Instrument politischer Steuerung bzw. Rationalisierung gedacht und funktionalistisch konzipiert wurde. In der kritischen Rekonstruktion werden die Widersprüche, Paradoxien, normativen Implikationen und Machteffekte herausgearbeitet, die mit dem modernen Entwicklungsdiskurs unabdingbar verknüpft sind: etwa die normative Setzung „evolutionärer Universalien" (S. 35) bzw. die Entgegensetzung von Tradition und Moderne (S. 36) sowie die „Ambivalenz der Moderne" (S. 37), wie sie Zygmunt Baumann in der Dialektik von identitärer Vereindeutigung und Gewalt herausgearbeitet hat. Die Beiträge von Korff „Multiple Moderne" (im Singular) und Wehr „Verwobene Modernen" (im Plural) verdeutlichen die Differenzen und Differenzierungen des Diskursfeldes zur Entwicklung. Während Korff auf Grundlage der Theorie von Shmuel N. Eisenstadt die „Kernbereiche der Moderne" (S. 101) wie „Veränderung der Welt durch menschliches Handeln [...] Reflexivität und Kritik [...] Gestaltung der eigenen Zukunft" (S. 93) als konstitutiv für die „Spannung zwischen Universalismus und Partikularismus" (S. 101) betrachtet, hebt Wehr die kontingenten Interdependenzen der „multiple modernities" (S. 106) hervor, die eben keinen identitären Kern ‚der Moderne' mehr erkennen ließen. Vielmehr werde die Heterogenität kontingenter Zentrum-Peripherie-Konstellationen sichtbar, die historisch wandelbar sind, wie global- und wirtschaftshistorische Untersuchungen etwa der California School und Postcolonial Studies offen gelegt haben.

Die unterschiedliche Einschätzung von Theorien und deren Bedeutung erweist sich im gesamten Entwicklungsdiskurs als entscheidend für die „Wissensproduktion" (S. 113), worauf Manuela Boatcă aufmerksam macht. Anschließend an Edward Saids berühmte Orientalismusstudie von 1978 wird die andauernde Wirkmächtigkeit kultureller Differenzsetzungen wie Orient/Okzident, modern/vormodern oder modern/traditionell im wissenschaftlichen Diskurs selbst aufgezeigt. Die grundlegende epistemische Verunsicherung des westlichen Blicks, die postkoloniale Studien offensichtlich erzeugt hätten, zeige sich unter anderem an der geradezu reflexhaften Wiederholung kolonialer Muster in der wissenschaftlichen Theoriebildung, denn die offensive Verteidigung herrschender Paradigmen und der ‚normal Science' (Kuhn) gehe mit der gleichzeitigen Abwehr bzw. Abwertung ‚fremder Theorien' wie den Postcolonial Studies als „Importe dritten Grades" (S. 116) einher.

In der resümierenden Ortsbestimmung der Entwicklungsforschung der drei HerausgeberInnen im dritten Kapitel wird die theoretische Erweiterung und Dezentrierung der Entwicklungstheorie durch postkoloniale Theorien, globalgeschichtliche Forschungen, Postdevelopment-Ansätze, machttheoretische und intersektionale, vor allem feministische Perspektiven deutlich gemacht. Hier ist der Beitrag von Christa Wichterich hervorzuheben, der die „Geschlechtergerechtigkeit zwischen socialliberalem Empowerment und postkolonialer Kritik" thematisiert. Es wird nicht nur der Geschlechterbias männlich konnotierter Homo-oeconomicus-Leitvorstellungen dekonstruiert (S. 233), sondern auch die Feminisierung von Beschäftigung und Armut im Zuge der systematischen transnationalen Ausweitung der Zonen prekärer Arbeitsformen reflektiert.

Der Gefahr einer „übermäßigen Fixierung auf die kulturelle Dimension der Moderne" (S. 145), die von den HerausgeberInnen mit Blick auf Postcolonial Studies bemängelt wird, setzt sich der Band nicht aus, der sowohl mit grundlegenden Artikeln zum „Weltsystemansatz" (Stefan Schmalz) und zur „Entwicklung im Neoliberalismus" (Karin Fischer) als auch im Sachthemen-Kapitel mit einem Beitrag zu „Arbeit und Produktion" (Martina Sproll) und einer Fallstudie zu „Global Care Chains" (Helma Lutz) eine kapitalismuskritische Zentralperspektive aufmacht, die auch in vielen anderen Beiträgen sichtbar wird.

Diese grundlegende Ausrichtung und Perspektivierung des Handbuchs ist für die Entwicklungsforschung von hoher Bedeutung, da sie den funktionalistischen Bias orthodoxer Moderne-Theorien überwinden, dem Entwicklungsdiskurse bis heute noch unterliegen, und eine umfassend kritische Sichtweise auf Entwicklung eröffnen, die Ökonomie und Kultur genauso berücksichtigt wie Staat und Politik. Letztere nimmt Marianne Braig im Beitrag zu „Staat und Entwicklung" unter die Lupe. Sie beschreibt die Veränderungen vom Konzept des Entwicklungs-staates der 1960er Jahre im Sinne einer „nachholenden Entwicklung" (S. 270) hin zum „Penal State" im Zuge der Neoliberalisierung der 1980er Jahre. Kritisiert wird unter anderem, dass in Modernisierungstheorien wie auch in Postcolonial Studies die regionenspezifischen Impulse für Staatsbildungsprozesse zu kurz kämen (S. 275). Der Beitrag bleibt insofern hinter anderen Beiträgen zurück, als hier Veränderungen zumeist nur angedeutet und additiv nebeneinander gestellt, aber Genese und Zusammenhänge kaum expliziert werden.

Tiefgehender ist hingegen die Analyse der Veränderungen von Staatlichkeit und Ökonomie im Kontext neoliberaler Umgestaltungen in Karin Fischers Beitrag, die pointiert die Stationen der neoliberalen ‚Great Transformation' von der Strategie der Importsubstitution über die exportorientierte Industrialisierung und die Strukturanpassung hin zum Washington-Konsens (S. 82-87) nachzeichnet. Dieser Beitrag, wie auch andere im Handbuch, machen die hohe Bedeutung einer zeitgemäßen Politischen Ökonomie für die Entwicklungsforschung deutlich, die neben den kulturellen Veränderungen auch die von Staat, Politik *und* Ökonomie im Auge behält. Die gegenseitigen Einbettungen, Interdependenzen und Verwobenheiten von Staat, Ökonomie und Kultur werden in verschiedenen Artikeln themenspezifisch behandelt – wie etwa im Konzept des „social upgrading", das Martina Sproll im Zusammenhang mit der Debatte um die Veränderung von Arbeitsprozessen erwähnt (S. 255), bei dem die Frage nach den sozialen Verbesserungen analog zum „technisch-industriellen Upgrading" und der „regulierenden Rolle des Staates" (ebd.) im Vordergrund steht.

Kritisch sei am Schluss angemerkt, dass es sehr viel besser gewesen wäre, die Ortsbestimmung und eine Synthese wichtiger Punkte aus den Beiträgen für die Entwicklungsforschung am Ende des Bandes zu platzieren. Warum dies bereits nach dem zweiten Kapitel der theoretischen Ansätze erfolgte und nicht auch die empirischen Befunde, Sachthemen und Fallstudien beinhaltet, erschließt sich dem/der LeserIn nicht.

THOMAS HÖHNE

Schwerpunktredakteurinnen und Autorinnen

Petra Dannecker ist Professorin für Entwicklungssoziologie am Institut für Internationale Entwicklung der Universität Wien. Ihre Forschungsschwerpunkte sind Migration und Entwicklung, Geschlechterforschung, Entwicklungspolitik und -zusammenarbeit. Der regionale Schwerpunkt liegt in Süd- und Südostasien.

Sara de Jong ist Politikwissenschafterin und arbeitet als wissenschaftliche Mitarbeiterin am Strategic Research Area Citizenship & Governance der Open University (GB). Als Marie-Curie-Stipendiatin am Institut für Internationale Entwicklung der Universität Wien führte sie das Forschungsprojekt „Employing the Cultural Broker in the Governance of Migration and Integration" (BrokerInG) durch. Ihre Forschungsschwerpunkte/-perspektiven liegen im Bereich Migration, Internationale Entwicklung, NGOs, Postcolonial Studies, Geschlechterforschung.

Franziska Kusche studierte Internationale Entwicklung in Wien und erweiterte ihre Schwerpunkte auf Politikwissenschaft sowie Sozial- und Humanökologie. Aktuell arbeitet sie als Studienassistentin im Bereich Internationale Politik und Teil des Kollektivs „Descoloniz_ando" zu sozial-ökologischen Ungleichheiten und Transformationen sowie an dekolonialen und feministischen Zugängen zu Verhältnissen von Gesellschaft und Natur.

Irene Messinger schloss 2016 ihr Forschungsprojekt zu Scheinehen im NS-Exil ab. Davor verfasste sie eine politikwissenschaftliche Dissertation über die aktuelle Kriminalisierung von ‚Aufenthaltsehen'. Sie ist externe Lektorin an der Universität Wien (Internationale Entwicklung) und an der Fachhochschule FH Campus Wien (Soziale Arbeit). Ihre Forschungsschwerpunkte sind Schnittmengen aus Exil-, Flüchtlings- und Migrationsforschung, Staat, sozialer Ungleichheit, Biografien und Gender.

Viktorija Ratković ist Wissenschafterin am Zentrum für Friedensforschung und Friedensbildung am Institut für Erziehungswissenschaft und Bildungsforschung der Alpen-Adria-Universität Klagenfurt. Ihre Forschungsschwerpunkte/-perspektiven sind Medien- und Kommunikationswissenschaften, Friedensforschung, Kritische Migrationsforschung, Postmigrantische Medien, ‚Gastarbeiterinnen‘, Frauen- und Geschlechterforschung, Cultural Studies und Postcolonial Studies.

Sandra Stern (Sozialarbeiterin und Politikwissenschafterin) war in verschiedenen Gewerkschaftskampagnen in Österreich, Deutschland und den USA sowie als wissenschaftliche Mitarbeiterin am Institut für Soziologie an der Johannes-Kepler-Universität in Linz tätig. Aktuell arbeitet sie für die UNDOK-Anlaufstelle in Wien und ist dort für Öffentlichkeitsarbeit, Bildungsarbeit und aufsuchende Arbeit zuständig. Weiters hält sie Organizing-Trainings für BetriebsrätInnen und GewerkschafterInnen.

Theresa Schütze studiert Internationale Entwicklung und Politikwissenschaft in Wien. Aktuell arbeitet sie als Teil der Forschungsgruppe „INEX – Politics of Inclusion and Exclusion" im Forschungsprojekt „Inside the Deportation Gap – Social Membership for Non-Deported Persons". Ihre Schwerpunkte liegen im Bereich Kritische Migrationsforschung, Geschlechterverhältnisse und Politische Theorie.

Gerd Valchars ist Politikwissenschafter mit den Schwerpunkten österreichische Regimelehre, Citizenship und Migration. Er lehrt an den Universitäten Wien und Klagenfurt und forscht zu Staatsbürgerschaft und Wahlrecht.

Die letzten Ausgaben

Die kommenden Ausgaben

Informationen für AutorInnen

Das Journal für Entwicklungspolitik (JEP) ist eine der führenden wissenschaftlichen Zeitschriften für Fragen von Entwicklungstheorie und -politik im deutschsprachigen Raum. Alle Beiträge werden anonym begutachtet (double-blind, peer-reviewed). Die Publikation erfolgt in Englisch oder Deutsch. Die Zielsetzung des JEP ist es, ein Forum für eine breite kritische Diskussion und Reflexion für verschiedene Dimensionen gesellschaftlicher Entwicklungen in Süd und Nord zu bieten. Dabei wird auch das Verhältnis zwischen theoretischen Weiterentwicklungen im Bereich von Entwicklungsforschung und konkreten entwicklungspolitischen Prozessen ausgelotet. Gesellschaftlich relevantes Wissen über Entwicklungsprobleme und Entwicklungspolitik wird in einer interdisziplinären Herangehensweise aufbereitet und zugänglich gemacht.

Manuskriptvorschläge können eingesendet werden an: office@mattersburgerkreis.at Weitere Hinweise unter: www.mattersburgerkreis.at/jep

Siehe auch: www.facebook.com/ journalfuerentwicklungspolitik

Information for Contributors

The Austrian Journal of Development Studies is one of the leading journals in its field in the German speaking area. Articles are reviewed anonymously (double-blind, peer-reviewed) and published in German or English. The journal provides a forum for a broad critical debate and reflection on different dimensions of societal transformation and on North-South relations. Specifically, the relationship between cutting edge theoretical advances in the field of development studies and actual development policies is addressed. Politically relevant knowledge about issues of development is provided in an accessible, interdisciplinary way.

Article proposals can be sent to: office@mattersburgerkreis.at Further information: www.mattersburgerkreis.at/jep

See also: www.facebook.com/ journalfuerentwicklungspolitik

WITH FUNDING FROM

AUSTRIAN
DEVELOPMENT
COOPERATION

Herausgegeben mit finanzieller Unterstützung
der Grünen Bildungswerkstatt Minderheiten

Journal für Entwicklungspolitik (JEP)
ISSN 0258-2384, Erscheinungsweise: vierteljährlich
Heft XXXIII, 1-2017, ISBN ISBN 978-3-902996-12-1
Preis des Einzelhefts: Euro 11,90
Preis des Doppelhefts: 19,80 Euro
Preis des Jahresabonnements: Euro 42,00 (Österreich);
Euro 52,00 (Europa); 62,00 (Welt).
Weitere Informationen: www.mattersburgerkreis.at
Abonnementbezug über die Redaktion:
Journal für Entwicklungspolitik, Sensengasse 3, A-1090 Wien,
office@mattersburgerkreis.at, www.mattersburgerkreis.at/jep
Das Abonnement kann unter Einhaltung einer dreimonatigen
Kündigungsfrist zum Jahresende gekündigt werden.

1. Auflage 2017
© Mattersburger Kreis für Entwicklungspolitik
Alle Rechte vorbehalten. Jede Verwertung bedarf der vorherigen
schriftlichen Zustimmung der Redaktion. Namentlich gekennzeichnete
Beiträge geben nicht in jedem Fall die Meinung des Verlages wieder.
Satz: Weiderand Kommunikationsdesign, www.weiderand.net, Wien
Druck: Interpress, Budapest

Offenlegung nach § 25 Mediengesetz
Medieninhaber: Mattersburger Kreis für Entwicklungspolitik an den
österreichischen Universitäten, Sensengasse 3, A-1090 Wien
Grundlegende Richtung des JEP: Wissenschaftliche Analysen und
Diskussionen von entwicklungspolitischen Fragestellungen und Berichte
über die entwicklungspolitische Praxis. Verantwortlich für Inhalt und
Korrekturen sind die AutorInnen bzw. die Redaktion.